Martin und Elisabeth Stotzer-Schmucki

Johann Schmucki

Lyrisches Vermächtnis

BoD
BOOKS on DEMAND

Martin und Elisabeth Stotzer-Schmucki

Johann Schmucki

Lyrisches Vermächtnis

Bibliografische Information der Deutschen Nationalbibliothek: Die Deutsche Nationalbibliothek verzeichnet diese Publikation in der Deutschen Nationalbibliografie; detaillierte bibliografische Daten sind im Internet über dnb.dnb.de abrufbar.

Impressum:

Martin und Elisabeth Stotzer-Schmucki
Graben 4, 3294 Büren a/A
elisabeth_stotzer@hotmail.com

Layout: René Zimmermann, Goldiwil
Erste Auflage
Herstellung und Verlag:
BoD – Books on Demand, Norderstedt

ISBN: 978-3-750-46169-7

Inhalt

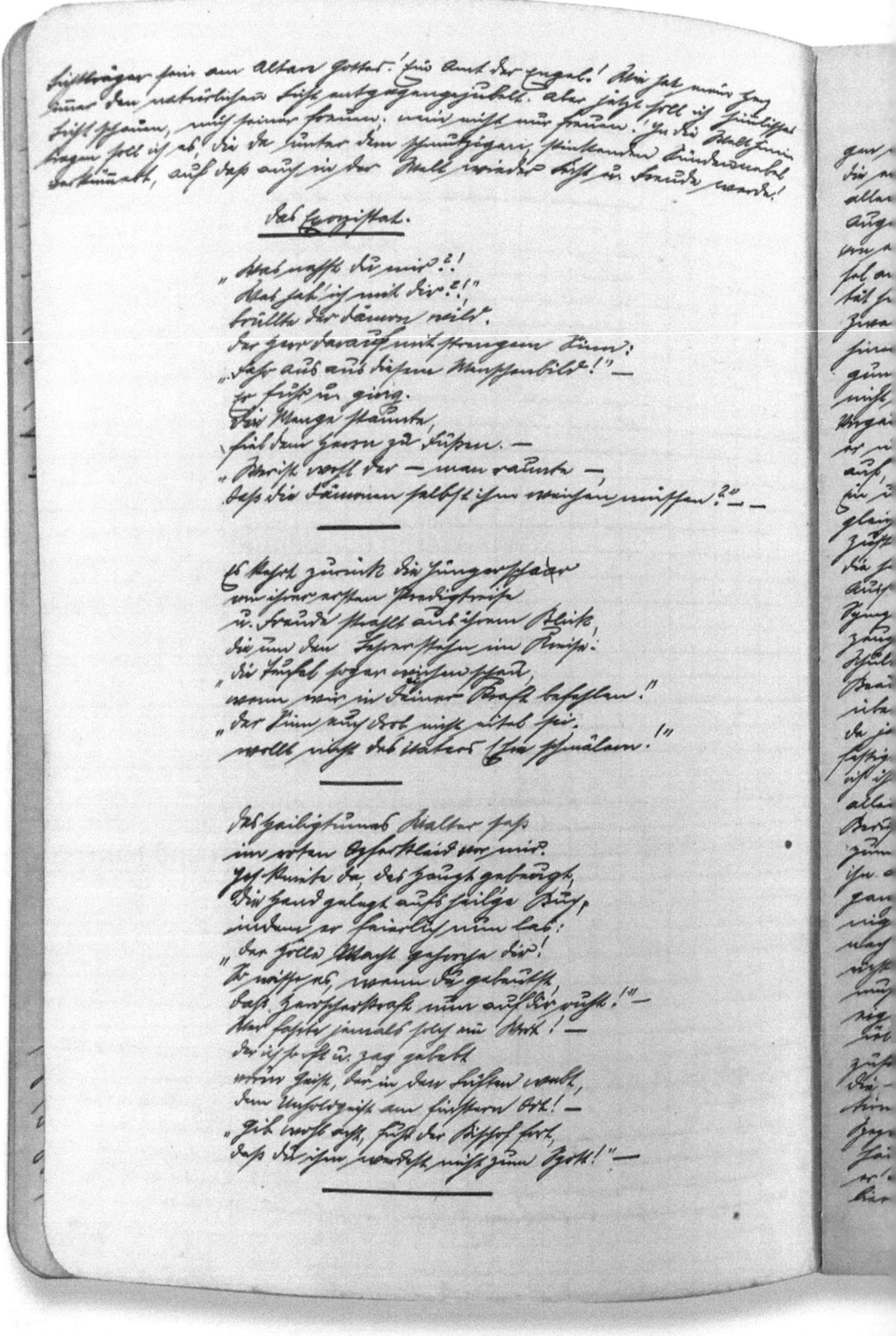

Gedicht in Original-Handschrift des Johann Schmucki

Vorwort

Es war keine geringe Überraschung, als sich beim Ordnen des schriftlichen Nachlasses unseres Vaters und Schwiegervaters in seinen zahlreichen, sorgfältig geführten Tagebüchern eingestreute lyrische Texte fanden. Es öffnete sich schliesslich eine unglaubliche Palette von sage und schreibe 956 Einzelgedichten, verfasst in den Jahren 1920 bis 1927 und gefolgt von einem abrupten Ende … ein immenses lyrisches Vermächtnis, für dessen Wiederauftauchen wir dankbar sein wollen.

Bei vertiefter Beschäftigung mit den formalen Gegebenheiten der Dichtungen wurde bald einmal ersichtlich, dass Johann Schmucki eine fortschreitende Befreiung vom herkömmlichen, festgefügten Reim- und Rhythmusschema anstrebte, ganz im Sinne der literarischen Avantgarden des frühen 20. Jahrhunderts, in deren Lyrik die äussere Form - Vers, Versmass und Strophenbau - zunehmend an Bedeutung einbüsste.

Die ausgewählten 126 Gedichte aus der 8-jährigen lyrischen Schaffensperiode des Johann Schmucki werden nachstehend einzelnen Sachgebieten zugeordnet; sie sind innerhalb derselben nicht in chronologischer Reihenfolge aufgeführt.

Naturerleben

Die Sonne

Die Sonne kam.
Hoch und feierlich ging sie über das Land.
Voll Liebe
schaute sie zu den armen Erdengeschöpfen nieder,
die am kalten Boden kauerten
und ihre Tage in feuchtem Nebelgrau vertrauerten.
Mitleidig schaute die Sonne jedes an
und hauchte es an
und senkte ein paar Tropfen ihres eigenen Blutes
überall hinein.
Da erholte sich alles neu zum Leben
und erhob sich bebend;
und ein Lächeln begann die alte, müde Welt zu
durchwittern.

Abschied

Herbstsonnenschein
schimmert verloren durch Nebel herein
auf die Weiden der Berge.
Mit Schellenklang
und Jodelsang
zieht talwärts die Herde.
Wohin sie zieht? Wohin sie zieht?
Der Sonne nach, die den Bergen entflieht.

Herbstsonnenschein
rinnt verloren durch die Nebel herein
auf Wiesen und Dörfchen.
Es kreisen und fliegen
und stürzen sich, wiegen
Zugvögelschwärme im lichten Duft.
Sie üben sich, üben
in jauchzendem Strich und Zug
zum grossen herbstlichen Flug.
Wohin sie ziehen? Wohin sie ziehen?
Der Sonne nach, die dem Nordland entflieht!

Sphinx

Schau die hohe Felsenstirne,
vom Morgensonnenschein beschienen,
wie sie leuchtet,
wie sie thront in königlicher Grösse
und, ob lächelnd,
doch mit unbewegter starrer Miene
wegschaut über Tal und See und Berge,
unverwandt hinüber
nach den hohen, schimmernd hellen Firnen.

Unzähl'ge Menschlein steh'n ihr tief zu Füssen,
schau'n empor zu ihrer Stirn,
erschauernd;
schau'n nach ihrem lichten Lächeln,
jauchzend,
und in ihrem Schatten bauen
Haus und Hütte sie,
der Fürstin Schutz vertrauend.

Ist es nicht, als ob sie winke:
Klimmt empor an meinem Busen.
Ist es nicht, als ob sie locke:
Kommt und holt euch himmlisch schöne Blumen
aus meinem Felsgelocke.
Ist es nicht, als ob sie rufe:
Jäger, klimm' herauf die Felsenstufen,
herauf, herauf zu mir;
ich habe für dich manches schöne Tier.
Herauf, herauf, ihr armen Leute;
ich berge in des Mantels dunklen Falten
für euch alle lockend schöne Beute.

Seht die Menschlein emsig klimmen;
hört sie von den Felsenzinnen singen!
Seht die Burschen, seht die Mannen
die Arme um die Riffe spannen!
Hört vom höchsten Stirnenriff den Schuss
des Jägers knallen!
Hört des frohen Jauchzers Gruss
aus sonnenvoller, hochbeglückter Brust
ins Tal hernieder hallen!

Doch sieh!
Das Sonnenschimmern flieht.
Schaut, schaut,
wie ob der Felsenstirne
das Wolkendüster graut!
Bebt ihr Herzen, bebt!
Ein grabesdunkler Schatten legt
sich um die Felsenfürstin her.
Es droht die Not.
Das Felsenantlitz lächelt,
lächelt immerfort,
lächelt starr und regungslos und kalt.
Sahst lächeln du den Tod?

Seht!
Schwarze Grabesschleier legt
die Fürstin um ihr Haupt.
Horcht, horcht,
wie aus dem Düster
die Donnerstimmen droh'n!
Weh, weh,
wie aus der schwarzen Wolkennacht
die Blitze nach dem Frasse züngelnd loh'n!

Dem Armen weh,
der dem Felsensturz
sein Haus vertraut zu Schirm und Schutz!
Dem in Nebelnacht Verirrten,
den das Lichterlächeln lockte
in das Felsgebirge!
Den Jägern, die in Todesbangen
an den Klippen hangen!
Wehe, weh,
wie finster ist die Nacht.
Wehe, weh,
wie's Felsgebein erkracht.
Wehe, weh,
wie's tost in den Schründen.
Wehe, Menschen, weh,
bereuet eure Sünden!

Wer weiss, wie lange
sich diese Schreckensstunde trug?
Wer weiss, wie bange
das Herz den Todgeweihten schlug?
Schliesst euch, ihr Augen,
seht nicht der Verzweiflung Grausen!

Die Nacht entflieht;
die Donnerstimmen sich verzieh'n.
Die Felsenfürstin schlägt den schwarzen Schleier
von ihrem Angesicht zurück.
Es lächelt,
lächelt starr und regungslos und kalt,
blickt stolz hinweg,
ob See und Tal und Trümmerfall,
hinüber zu den fernen
leuchtend kalten Firnen.

Das Mysterium

Es steht im violetten Düster
Stamm an Stamm im Waldesrund.
Wie still! Kein Lüftchen flüstert
aus dem geheimnisdunklen Grund.

Ein Sonnenstrahl! Wie Gold
es flammt von Ort zu Ort.
Mag's schimmern noch so hold,
mich schauert ob dem Dunkel dort.

Der Sturm

Was sind das für Schatten, die sich werfen
in die siedende Luft,
aufs glühende Pflaster?
Dunkle Wolken rennend und hastend
am Himmel hin stürmen.
Wer treibt sie an, wer peitscht sie fort?
Sie türmen
sich in die Sonnenbahn.

Finster der Himmel.
Das Volk auf den Strassen läuft und wimmelt
ameisengleich von seinen Geschäften
um Ecken, durch Gassen und Gänge,
sich schiebend und drängend,
das heimische Nest zu erreichen.

Papierwische rascheln,
gleich Kobolden springend und zappelnd
die Strassen dahin
und kehren um,
im tollen Tanz sich zu drehen und zu schwingen
in närrischer Lust, als gingen
irre Geister in ihnen um.

Lauf, lauf, lauf!
Schau dich nicht um.
Dort hinter den Türmen steht
eine düstere, graue, unheimliche Wand;
sie geht, sie weht
und kommt heran!
Nur schnell nach Haus,
es bleibt nichts aus.

Schon wirbelt Staub;
das Windross tobt und schnaubt.
Hörst du es klatschen?
Grosse, schwere Tropfen platzen
auf dem Pflaster.
Dann alsbald eins, zwei, drei:
Ein Trommeln und Prasseln auf dem Hut.
Ja, ja! Das wäscht den Staub dir gut
von dem versengten Nacken!

Herbststurm

Sieh!
Am Horizont stehen
blutende Alpenspitzen;
entschleiert im Lichte sie blitzen.
Ihr Hohen,
wer hat euch den hüllenden Schleier geraubt?
Weh, weh!
Es drohen
finst're Gestalten, eh man es geglaubt!
Flieht!
Es leuchtet zwischen den Wolken das Blau
wie ein Schimmern im angsterregten Aug'.
Schau, sie weh'n.
Schon stürmen heran
verheerender Mächte finstere Knechte
auf Wolkenrossen!
Fühlst, wie die Erde zittert?
Hörst du das ferne Tosen?
Es fällt über uns, wie Nacht,
des Sturmes Macht
mit zermalmendem Stosse.

Schon hat sie in rasender Hast
die entlaubten Wipfel erfasst
und zerrt sie hin und her.
Wer will sich setzen zur Wehr?
Ast und Wipfel knackt
und fliegt zur Erde und kracht,
was das Leben morsch und krank gemacht.
Staubwolken fliegen.
Blätter in irrer Wucht zerstieben.
Am Fenster klatscht's.

Wild rüttelt's an Toren und Gittern
und kommt herein.
Die Menschen schlüpfen zitternd
in die Ecken hinein
und horchen, wie's tobt und kracht,
und fühlen des Todes Macht,
die naht in den Wettern
furchtbar zerschmetternd
was alt und krank und siech.
Einst trifft sie auch dich!

Es stillt,
es lichtet
Des Sturmes Werk ist verrichtet.
Noch zittern die Bäume, wimmern.
Sieh im fahlen Schimmern
die unholde Macht dort zieh'n,
von dannen flieh'n!
Gefegt
ist Garten und Flur und Weg.
Komm, Winter, und decke mit deinem Tuch
jetzt alles zur Ruh'.

Bedroht

Wasser wirbeln und quirlen und wallen
wie Schlangenleiber, die sich umschlingen, ringeln und ballen
und fauchen und stöhnen in Wut und Angst und zischen,
wenn ihre Ungestalten mit weissem Schaum
an einem Stein verspritzen.
Geheuer ist's nicht an diesem Ort;
ich will fleih'n!
Felsen stellen sich vor,
wie ein feindliches Knie
am Weg, wo im Abgrund die Wasser toben.
Felsen bäumen sich beiderseits zu steilen Wänden.
Vom Himmel seh' ich hoch oben nur
ein schmales, graues Gelände.
Felsen dräuen droben,
von unsichtbaren Händen gehalten,
um sich daran zu letzen,
wenn sie die Wasser voll Entsetzen
auseinander spritzen
oder sie loszulassen auf mich,
mich zermalmend zu einem elenden Brei?
Es klettert die halbe Wand empor mein Schrei
und kollert wieder
mir vor die Füsse nieder.

Die Quelle

Ein Wässerlein entquoll dem Grunde
in eines Haselstrauches Dunkel.
Man hörte in der stillen Runde
sein geheimnisvoll Gemunkel.

So hört‘ auch einst ich es verwundert
bei meinem knabenhaften Streifen
und staunte zu dem Grund hinunter,
das dunkle Rätsel zu begreifen.

Mit heil’gem Schauer kam zur Quelle
ich fortan immer mehr zurück,
hab‘ an dem Ranft die braune Schelle,
die mystisch dunkle, gern gepflückt.

Und wenn vom letzten Schnee das letzte
Perltröpflein rann vom Gras am Bord,
dann grüsste lächelnd schon die erste
Frühprimel frühlingsfroh hervor.

So hab‘ im Lenz, in Sommertagen
ich manche Stunde dort verträumt,
bemüht mich kindlich nachzutraben,
wenn’s Wässerlein von dannen schäumt‘.

Ich hielt dann plötzlich stutzend stille,
wenn’s kühn den Rain hinunter tollte
und ohn‘ ein Abschiedswort, ein stilles,
von mir weg in die Ferne rollte.

Doch einmal sprang den Rain hinunter
ich mit dem lust‘gen Bächlein auch,
und in die Weiten zog ich munter,
die grosse Welt zu seh’n, wie’s Brauch.

Seither gedacht‘ ich oft der Quelle
in dem geheimnissel‘gen Grunde,
sucht‘ meine Primeln, meine Schellen
manchmal in heimlich stiller Stunde.

Gletscherwasser

Winterlang
hält der Felsenriese die Gletschermassen in seinem Bann.
Längst ging der Frühling drunten durchs Land
und weckte mit sachte segnender Hand
unzählige Brunnen,
unzählige Quellen und Bäche,
die durchs Land hin rauschen und schimmern und sprechen
von des Frühlings Rufen.
Maienlang
bleibt der Gletscher droben im Felsenbann.

Endlich naht, endlich naht
auch jenen Welten Erlösung.
Es schafft die Sonne mit ihrer Kraft;
es wirkt der Föhn in sanftem Zug.
Was der Frost in eisige Bande schlug,
mählich atmet befreit.
Tröpflein um Tröpflein
regt sich, glänzt und sprüht und rinnt,
trippelt lustig die Halde hinab,
wie ein Kind springt
am ersten Frühlingstag.

Drunten rauscht der Bach.
Wie er hüpft, wie weiss er blitzt und lacht,
sich überspringt in toller Kraft.
Wie seinem Rauschen
all die Felsen umher andächtig lauschen.
Wie schön, wie stark, wie gross,
wie herrlich es tost!
Jedes Tröpflein eilt ihm zitternd zu,
talwärts im Tanze, talwärts im Flug!

Wenn du sie anschaust

Regentropfen sah ich auf dem Gartenkraut,
die in der Nacht gefallen waren;
wenige, die von den unermesslichen, die fielen und verrannen,
übrig blieben.
O, ihr Glanz war würdig,
als die Morgensonne sie beschien,
im Wettstreit mit der Adligkeit kostbarsten Gesteins
zu leuchten.
Wunderbar,
wie die geringen Dinge dieser Welt sind,
wenn du sie anschaust,
Herr.

In fremdem Grund

Sahest du, wie eine Blume
aus dem Gartengrund man hub,
sie behutsam in ein fremdes,
scheues Beetchen grub?

Sahest, wie beim Sonnenschein
Blatt und Blüten welkend hingen,
bis in stiller Abendkühle
Labetau sie dann empfingen?

Fühltest du im fremden Lande
Herz und Sinn dir welkend bangen?
Hoff! Dein Herz wird bald am Abend
kühlen Himmeltau empfangen!

Vom Wesen der Bäume

Herbstbäume

Im einsam gewordenen Herbstland stehen
Bäume im dunklen Tag unter grauem Himmel;
Bäume in roter Glut,
gleich leuchtendem Opferblut;
Gluten, die nicht mehr flammen und rauchen, nur glüh'n;
Bäume, die entwöhnt sind, in der Lust
des üppigen Laubes der wechselnden Sonne
entgegenzublüh'n;
Bäume wie Menschen, die
nicht mehr im Leibe des Fleisches geh'n,
die nur noch Seele sind und Gesicht
und jenem Licht entgegengeh'n,
das jenseits ist.

Allerheiligen

In roten Gluten glühend stehen ungezählte Bäume
am Eingang der Nacht die Hügel entlang,
den Heiligen gleich,
die am Ende der Tage
allum aus der Verlorenheit ersteh'n
und erglüh'n, indem sie seh'n,
wie das Geheimnis der Zeit erfüllt ist;
indem vor ihnen die seligen Nächte
der Ewigkeit aufgeh'n
vor den ungezählten Heiligen,
die auf den ewigen Hügeln steh'n
und erglüh'n.

Lebensflut

Hoch steigen der Buchen Säulen;
grün wölbt sich das Laubwerk zum Dom,
wo ich mit Andacht verweile
und lausche dem Flüsterton,

beachte das Fluten des Lichtes
im junggrünen Blätterdach.
Wie's flackert und flimmert und lichte
dann rieselt ins Dämmergemach,

so sachte, geheimnisvoll kühlend!
Wie wird mir so wonnig und frei:
O, riesle nur Leben, du grünes,
ja, flute ins Herz mir herein!

Herbstliche Buchen

Es sinken die Abendschatten
still übers Land herein,
und durch die Täler und Matten
streicht der letzte zarte Schein.

Wie streicht er im Zuge dahin
über alle die Wipfel so fein.
Welch nie gesehenes Glüh'n
dort in den Buchen am Rain.

Ein wundergoldenes Schimmern,
wie im alten Heiligenschein.
O, welch ein Leuchten und Flimmern;
so wird es im Himmel sein!

Rote Flammen, feurige Lohe
schlagen drauf sprühend hervor.
So brennt in verzehrender Lohe
das Opfer zum Himmel empor.

Von himmlischem Haupte gefacht
brennt die Glut durch den Bergwald fort,
und aus des Tannenwalds Nacht
hell loht sie von Ort zu Ort.

Das Herz wird erbebend inne,
was keine Zunge benennt:
Den Lichtglanz der Gottesminne,
die opfernd zum Himmel brennt.

Bergtannen

Einsame Männer in dunklen Talaren
steht ihr, Tannen der Berge,
im Schatten der Bergwand düster,
des Berges Sage bergend,
zagend,
flüsternd.

Heilige Männer in dunklen Talaren
steht ihr auf einsamen Almen,
betet eure uralten Psalmen,
schaut zu den Firnen, zum Himmel empor,
sinnend,
minnend.

Kampfharte Männer in dunklen Talaren
steht ihr, Bart und Haare
von weissem Gespinste durchwoben.
Ihr trotztet manche Jahre
hier oben
dem Sturmestoben.

Hehre Sänger in schwarzen Talaren
steht ihr auf Felsenzinnen,
den Menschlein, die bebend lauschen,
ein geheimnisvoll' Lied zu singen
von Leben und Freiheit,
Kampf und Tod;
ein Lied dem grossen, herrschenden Gott.

Der gefällte Baum

Wer hat ihn wachsen geseh'n
am Wiesenbache?
Ich sah ihn als Urweltriesen steh'n,
dem zehnmal der rasende Sturm
Astwerk und Wipfel zerbrach;
dem der Wind
der flüchtig vergehenden Zeit
mörderisch tiefe Schrunden
ins Stammholz frass.
Stets heilte der neue Sommer die Wunden,
und neues Geäste trieb der Stamm
aus den dürren,
erstorbenen Knorren.

Heut' seh' ich ihn hingestreckt
am Boden, gefällt;
noch ragt sein Stamm, vom Orkan zerspellt.
Leute stehen umher
und bestaunen das unerhörte, grause Gescheh'n.
Kinder spielen Versteck in seinem welkenden Laube
und klettern behend in seinem Geäst,
was er nun geduldig geschehen lässt.
Schwerer Odem erfüllt die Luft
von des Starken Blut,
das in der Sonne verwest.

Glückseliges Versgessen

Die weisse Nacht kam über alles Land.
Glückliches Vergessen deckte jeden Ast
der Tannen tief im Walde.
Ab und zu nur einer
erwachte kurz, wie man einmal jäh
im Schlaf auffährt.
Dann wieder die unendliche Ruhe der weissen Weiten;
tiefes, glückseliges Vergessen deckt alles zu.

Waldreben

Heut fand ich ein Tännchen im Walde,
umwuchert von Waldrebenranken.
Es klagte, wie sehr es doch kranke
und sieche und sterbe wohl balde.

„Es war in den Maientagen“, erzählte
das Tännlein, „da hob neben mir
ein Sträuchlein grün frohes Panier
und schmeichelte mir und schmälte:

‚Wie ist nur dein Kleidchen so abgeschossen;
des jährlichen Wuchses gewahr ich nicht, schier.
Ich leihe dir Blätter und Blütenzier
und, drum, meine luftigen Schosse‘.

Wer mochte nicht gern so was hören;
wer schlug nicht mit Freuden gleich ein?
Wie zierten die Blätter mich fein,
die Blüten inmitten der Föhren!

Nun gelben die Nadeln und fallen;
mein Wipfel in Fesseln sich bog.
Um den eigenen Schmuck ich mich trog,
in fremdem Glanz zu gefallen“.

Blütenzauber

Massliebchen

Ich war ein Büblein, das sich kaum
der ersten, neuen Höslein rühmt.
Da lockte mich der erste Lenz
heraus aus engem Stubenraum.

Ums Haus nahm kühn ich meine Tour,
und sehr verwundert stand ich da,
als lieb ein Sternenblümlein lacht'
mich an auf winterbrauner Flur.

Und wundernd schaute lange ich
den weissumstrahlten, goldnen Stern.
Ob mir nicht da der Schönheit Traum
zum ersten Mal ins Herzlein schlich?

In geheimen Stunden

In geheimen Stunden,
die warm waren vom Frühlingssonnenschein
und des jungen Laubes froh, das aus den Zweigen
der Bäume sich drängte …
in den geheimen Stunden
suchte ich meinen stillen Ort allein,
der zwischen Wald und Ried war,
wo die tiefen, violetten Orchideen standen,
jede für sich allein;
und ich staunte in das glühende Geheimnis
ihres Schweigens hinein.

Iris

Sie ist dem nächtigen Himmel gleich,
die Blaue mit den zitternd ausgehängten Blütenzungen,
in dessen dunkellichten Weiten
geheime Kraft durch feinverästelte Gefässe rinnt,
die wir nicht fassen können,
wenngleich die heiligsten uns eigenen Gefühle um sie wissen.
Die Blaue,
die den Reichtum duftig hingestreuten Goldes in ihrem Busen
mit jungfräulichen Händen birgt.

Letzte Blumen

Letzte Blumen leuchten und schimmern
im Herbst noch die Gärten entlang,
nicht achtend im blassen Sonnenschimmern,
dass das Laub schon den Bäumen entsank.

Sie erzählen und jauchzen vom Lenze
gleich Kindern in Frühlingskränzen
und fühlen nicht, wie der Luftzug kalt
vielleicht einen Reif bringt bald, gar bald.

Des Lebens Erwachen

Siehst, wie die Knospe sich dehnt und streckt?
Es hat die Sonne da drinnen
ein junges Leben geweckt!

Siehst, wie's die Hülle vom Zweige bricht?
Es möchte die Freiheit gewinnen;
es will das Leben ans Licht!

Siehst, wie drängt und stösst und schiebt
in der braunen Schale
der junge, schaffende Trieb?

Siehst, wie er wächst, die Gliederchen streckt
und dann mit einem Male
sein Köpfchen zum Lichte reckt?

Er jauchzt zur Sonne empor „Hurra!"
und grüsst die Genossen alle:
„Hurra! Schaut, ich bin da!"

Knospen

Ich sah jüngst rote Knospen blühen
auf jungem Laub am Apfelbaum.
Wie erstes Lieben war's ein Glühen
durch den besonnten Raum.

Heut, wie das Licht die Schatten scheuchte,
sind sie in Klarheit aufgegangen.
Doch jener Knospen erstes Leuchten
hält mir den Sinn gefangen.

So hat mein Herz auch einst gebrannt,
als es erschaute himmlisch Licht.
Wohl ist das Wissen heut mein reiches Pfand,
doch der Begeistrung Glühen kehrt mir nicht.

Um Pfingsten

Um Pfingsten,
wenn wir das Fest des Trösters begeh'n,
wenn im Sonnenglanz sich freut
der Reichste und der Geringste,
wenn die Saaten um die Dörfer hochragen
und die Halme stolz ihre Ähren tragen,
die Felder wogen im Windesweh'n:

Um Pfingsten
geh'n Bauer und Bäuerin gern
am Nachmittag selband durch die Flur.
„Schau, Lieber, schau nur.
Gelb goldene Bällchen hangen
an jeder Ähre, die blüht.
Schau doch, wie der rote Mohn in den Halmen glüht
und ganz verborgen darein sich mengen
stille Kornblumen auch,
wie der Himmel so blau!"

„Sprichst töricht, Frau!
Was nützt mir denn der rote Mohn
und blaue Blumen;
was hab' ich davon?
`S ist wucherndes Jät;
habe Korn gesät,
und Korn will ich ernten,
`s soll Brot und Gold draus werden!"

„Nein, Lieber, wie wäre dein Schaffen und Müh'n
ohne Trost fort und fort,
würden nicht zwischen den Ähren blüh'n

stille Freuden noch da und dort!
Nein, Lieber, wie wären wir arm.
Schüfe Brot auch und Gold uns die Erde,
blühte die Lieb‘ nicht beglückend und warm
zentum an unserer Fährte!“

Die letzte Rose

Ach, sieh doch dort im Garten blühen
noch eine üppig rote Rose.
Möcht nur die Sonne drüber glühen,
ein laues Lüftchen freundlich kosen!

Doch Nebel lasten trüb und schwer,
und Herbstfrost an den Blättlein nagt.
Schon sterben, ach, kein Lieben mehr,
da ihr doch erst die Jugend tagt‘?

Heimat und Ferne

Abschied von der Heimat

Warm glänzten die Berge so helle,
so jubelnd das junge Grün,
so blau des Sees Helle,
wie tat sie diamanten sprüh'n!
Ich schritt durchs liebe Heimattal,
schritt durch den grünen Frühlingswald;
zum letzten Mal.

Seine blauen Äuglein hob zu mir auf
`s Jadenkarmin.
„Warum willst in die Fremde hinaus?
Sie macht dir nur Pein!“
Der Sonnenstrahl flimmert‘ im Buchenlaub
das Auge mir satt.
Wie wird es lechzen im grauen Staub
der fremden Stadt!
Es sangen die Finken und Meislein im Grün
so werbend, so traut.
Gibt's Weisheitsworte wohl dort so kühn,
die ersetzen ihren Laut?
Waldmeisterlein blühte am Wegesrand
schnell, schnell noch auf.
„Ich will dich erfreuen den Sommer lang;
nur zieh‘ nicht hinaus!“
Ich sah weisse Wolken über den Bergen
durch die Bläue hin zieh‘n.
So jagen Züge in fremde Fernen.
Wohin? Wohin?

Die Heimat tat werben um mich und frei'n:
„Bleib hier du Trauter; o, bleibe doch mein!"
Es muss sein! Es muss sein!

Abschied

Im Blütenschmuck prangten im Garten die Bäume
so bräutlich schön.
Darüber blinkten in lichttrunkenen Räumen
schimmernde Höh'n.

Liebe Menschen drückten mir schützend die Hand,
als die Stunde schlug.
Liebe Herzen winkten den Weg entlang,
der von dannen mich trug.

Mir war, als ich pochenden Herzens verliess
deinen heiligen Boden,
mich habe um Jugend und Paradies
ein Dämon betrogen.

Dämmernde Fährten

Wie süss lockt die Ferne!
Lichte Giebel blinken vom Ufer herüber
aus Blütengärten;
blaue Hügel ziehen im Dufte darüber
dämmernde Fährten.
Dort zieh'n weite Wege; ob lichte, ob trübe,
das erfragte ich gerne.

Es ist so schwer

Es ist so schwer, wenn man allein seine Wege geht
und es schon früh beginnt zu nachten umher,
und einem der Wind so kalt und feucht
um die Glieder streicht;
wenn man niemand hat,
der sich als warmes Kleid
einem anlegt;
wenn man zögernd schreitet
durch die Türe seines dunklen Gemaches hinein
und niemand entgegenkommt
und einen umfängt
als mütterlicher Lichtschein;
wenn die Seele tastend
mit dünnen, jungen Würzelchen nach einem Herzen sucht
als ein Fleckchen Erdgrund,
in das sie sich versenken und verwachsen kann,
und ertastet um und um
nur Steine und Sand und Sand.

Arm und Reich

Die Armen

Am Strassenrand sitzt eine alte Frau,
ihre Jacke zerschlissen, ihr Haar ist grau.
Sie hat nicht Gatten, nicht Töchter daheim;
in der fremden Stadt ist sie ganz allein.

Dort naht ein Herr. Sie schaut hoffend aus
und hält schon heimlich die Hand heraus.
Er geht vorüber in hastigem Schritt,
mit geschäftiger Miene, als säh‘ er sie nicht.

„Es kommt eine Dame in üppigem Staat,
die sicher für mich etwas übrig hat;
einen Batzen gewiss, oder zwei, oder drei?“
Die Dame schaut weg und geht vorbei.

Da stützt die Arme den Kopf in die Hände.
„Hab geglaubt, dass vom Mahl ich ein Krümchen fände
der vielen, die glücklich seien, und reich.
Scheint’s sind sie alle an Armut gleich.

Ach, Vater im Himmel“, so betet sie,
„lass zu dir mich Arme, Verlassene flieh’n!
Du bist doch reich, schautest allen zum Leben;
du wirst auch mir Ärmsten ein Krümchen geben!“

Die Not leiden

Die in abgeschabtem, zerlumpten Gewand
über die Strasse geh'n;
oder die langsam an den Krücken einhergeh'n;
oder die mit einem Arm;
und die an der Strassenkreuzung stille steh'n,
ob jemand sich erböte,
nach ihrem Leid zu seh'n;
oder denen Hunger und Not
aus den müden, blauumränderten Augen seh'n …
Was fliehst du sie?
Was musst du in weitem Bogen ihrem Weg ausweichen,
als ob der Anblick derer, die Not leiden,
dein gesundes Blut versehrte?
Warum gehst du nicht eilends zu den Armen zurück
und ergreifst ihre zitternde Hand,
und fragst sie, was ihnen fehlt,
und bist freundlich mit ihnen
und lieb?
Dass sie dir gut sei'n
und dich segnen,
und deine Freunde bleiben …
weil sie Gott vertraut sind,
jene, die Not leiden.

Die Arme

Dürre Reiser, vom Wind gebrochen,
liegen zerstreut auf dem Weg.
Ein Frauchen kommt am Stocke gekrochen,
gebeugt von Alter und Weh.

Es sammelt die Rispen mit zitternder Hand
und knickt sie zusammen,
birgt sie heimlich unterm Gewand
und schlarpt von dannen.

Wird's zu Hause nun schichten, die Arme,
ein Feuerchen fachen
und, derweil ihre Hände erwarmen,
ein wenig lachen.

Die Armen

In dünnem, abgewetztem, löchrigem Gewand
geh'n die Armen die verschneiten Strassen entlang,
schieben mühselig ihre erfrorenen Glieder voran,
senken ihren Blick in den eisigen Boden hinein
und fechten in der Luft mit der dürren Hand,
während ich
im guten, warmen Kleid,
den Kopf hoch erhoben
und die Hände in die warmen Taschen geschoben,
einhergeh'.
Muss ich
nicht schämen mich,
im guten Kleid einherzugeh'n,
wenn die Armen vorübergeh'n?

Weiss Gott,
wie viel Arme
bringen in schlechten Bretterverschlägen ihre traurigen Tage zu
und können die zitternden Glieder an keinem Feuer wärmen;
und sie haben kein warmes Bett, um einige Stunden
von ihrem Elend auszuruh'n.
Muss ich
nicht schämen mich,
meinen guten Tisch zu haben
und mich in der warmen Stube zu wärmen,
derweil, wer weiss wie viele,
im Elend sterben?

Doch nein,
ich habe ja den Armen von meinem Überfluss gegeben;
ja, ich hab' ihnen viel gegeben.
Doch kann ich immer noch wohl leben
und muss mich vor den vielen Armen
schämen, schämen.

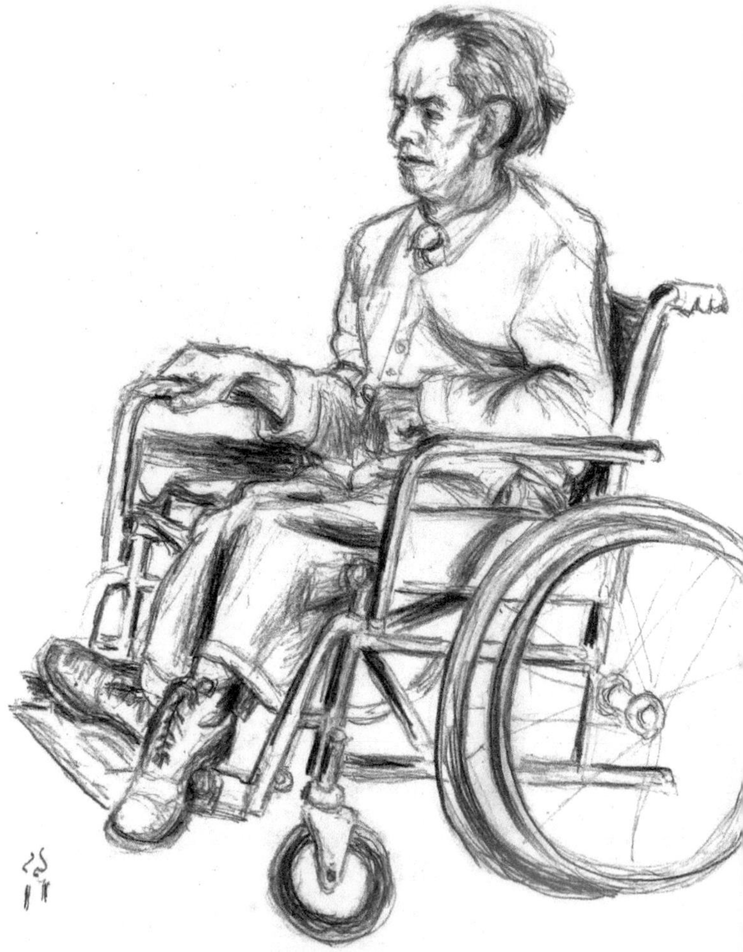

Die Grossmutter

Auf Grossmutters Grab

I. Mein Weh

Wenn du jeweils vor Jahren
zu Besuch gemeldet warst,
späht‘ ich nach allen Wegen,
krank vor Erwartung fast.

Wenn du endlich unter uns
in trauter Stube weiltest,
dann ward nicht müd mein Mund;
wie ein Böcklein tanzt‘ ich, eilte.

Wie schnell die Zeit entschwunden!
Du musstest heimwärts geh’n.
Eine kurze Wegesstunde
noch durft‘ ich mit dir geh’n.

Dann reichtest mir die Hand
und sprachst: „Auf Wiederseh’n.“
Im Herzlein hat’s gebrannt,
wie tatest du mir weh!

Nun bist du heimgegangen,
derweil ich ferne war.
Noch einmal wollt‘ ich hangen
an deinem Augenpaar;

noch einmal wollt‘ ich hören:
„Lieb‘ Kind, auf Wiederseh’n.“
Ich kann dich nicht mehr hören;
das tut mir, ach, so weh!

II. Deine Züge

Wie oft hab ich geschaut
in deine Augen sanft und blau.
Es war ums Herz mir linde,
ob dort ich eine Heimat finde.

In den Runen deiner Stirne
hab ich so gern gelesen
so viel von Sorge, Liebe, Milde;
dran musst‘ mein Herz genesen.

In deinen lieben Zügen
forsch‘ im zum letzten Mal,
ob sie wohl gleich geblieben,
wenngleich entseelt und todesfahl.

Wohl schlossen sich die Lider
ob der Augen treuen, blauen Sternen;
doch aus den Runen les‘ ich wieder
die Liebe, die im Tod noch wärmt.

Löst auch das Salz der Erde
die treuen Züge`mählich auf,
deine Liebe lebt in Himmelsfernen
mir nah auf Erden auch.

III. Deine Blumen

Es blühten an jeglichem Fenster
dir Blumen: Weiss, gelb und rot.
Wer am Hause vorübereilte,
dem tat es im Herzen wohl.

Man sagt, dass freundlich geartet,
die den Blumen gut sind und hold.
Wir wissen's, die im Leben dir nahten,
denen du deine Güte gezollt.

Wie oft ich nur deiner gedenke,
seh' ich um die Blumen dich geh'n,
seh' dich hegen und pflegen und tränken;
so hab ich zuletzt dich geseh'n.

Und wenn am Abend die Sterne
gleich Blumen am Himmel blüh'n,
so wäh'n ich, zu sehen dich ferne
dort wandeln im Garten dein.

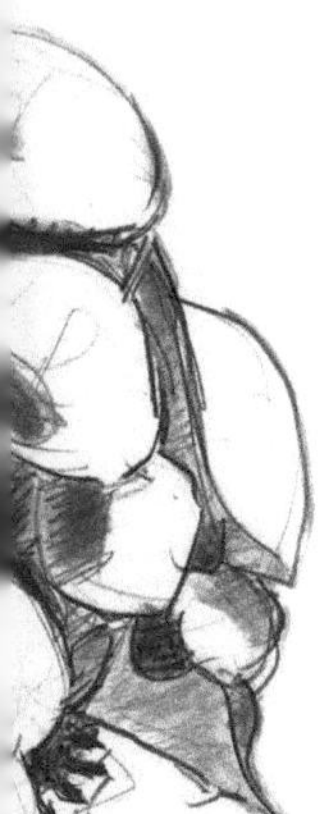

IV. Vollendet

Als du mich aus dem Taufbad hobest,
das weisse Kleid mir übergabst,
als Priester du mich Gott gelobtest,
wie später oftmals du gesagt.

Wie blicktest du mir fragend nach,
wenn ich nach fernen Schulen zog!
Wie oft wohl warst mir betend nah,
wenn mich ein wilder Sturm umtobte?

Und kam ich heim, so hast du schweigend
mir in das Auge tief geschaut,
ob drinnen noch sich leuchtend zeige
das Ideal, mir anvertraut?

Doch endlich sahst mich, weiss gekleidet,
als Priester zum Altare geh'n;
nie hast du dich am Glück geweidet,
wie damals am erfüllten Fleh'n.

Dein Wort, das du dem Herrn verpfändet,
nun war es endlich eingelöst.
Du hattest deinen Lauf vollendet,
beeiltest dich, nun heim zu geh'n.

V. Der erste Gruss

Wenn ich heimkam aus der Fremde,
tratest schnell du vor die Tür,
um als Erste liebe Hände
darzureichen mir.

Nicht trittst du heute vor die Schwelle,
der ich mich zögernd nahe schleiche.
Dein Antlitz, ach, wie leichenhelle,
und stumm dein Mund, der bleiche!

Doch kehr ich einstens fremdenmüde
zum ew'gen Vaterhaus zurück,
eilst wohl dann vor die Türe wieder,
führst mich hinein ins Glück.

VI. Gott Lob und Dank!

Es hat dir im Leben manch Glück geblüht,
hattest Gottes Segen
auf deinen Wegen.
Du sagtest es oft mit frommem Gemüt:
„Gott Lob und Dank!“

Wohl traf dich manchmal bitteres Leid;
doch Gottes Hand
hat’s zum Besten gewendet.
Dann sagtest du in Andacht und Freud‘:
„Gott Lob und Dank!“

Als du rangst in bitterer Todesnot,
kam Christus als Speise
zur letzten Reise.
Du hauchtest aus brechendem Herzen empor:
„Gott Lob und Dank!“

Nun bist du selig ohne Wechsel und Wende.
Du ruhest in Gott
ohne Harm und Not
und jubelst mit heiligen Chören ohn‘ Ende:
„Gott Lob und Dank!“

Stille Stube

Traute Stube
mit ihrer alten, süssen Ruhe.
Grossmutter, komm, wir wollen plaudern!
Grossmutter, komm, erzähle
von längst entschwundenen, unvergessenen Tagen.
Grossmutter, komm, ich will dir lauschen!

Am Fenster steht
Grossmutters Körbchen,
darin zum Näh'n und Stricken das Gerät
und die Arbeit unermüdlicher Hände,
halb vollendet.
Im irdenen Topf
ein grüner Stock mit roten Blumen;
daneben Grossvaters Pfeifchen
und der Tabak im Lederbeutel.
Wo ist Grossvater heute?
Warum hat er sich nicht zur Ruhe gelegt
hin auf das Kanapee?
Ist Grossvater in den Wald gegangen?

An den Wänden hangen
die alten Bilder, die Grossmutter liebt:
Der Herr und seine heilige Mutter,
der Kämpfer Mühsal und manch ein alt Porträt
verstorbener Ahnen.
Kein Laut sich in der Stube regt,
und keiner in der Nebenstube.
Ob Grossmutter schläft?
Die Uhr nur tickt und schlägt
gleichmässig, schläfernd, träg,

und holt dann aus,
als ob sie halb erwachend breiten Atem zöge,
eh' sie das Viertel und die Halbe schlägt.

Grossmutter, bist du wohl
zum Brunnen Wasser holen?
Kommst gleich zurück und schürst die Kohlen,
um den Kaffee zu sieden?
Grossmutter, kommst du nicht?
Es dämmert schon.
Grossmutter, gelt, ich zieh' den Vorhang vor!
Sieh! Sieh!
Dort, wo der Heiland in der Ecke hängt,
im Glas ein kleines Lichtlein brennt;
das Lichtlein! Ich habe es sonst hier nicht geseh'n.
Sollte ich doch versteh'n,
warum es brennt?
Zum Trost der Seelen,
die der Tod von uns getrennt!

Werden und vergehen

Gottes Wort

Im Urbeginn
rief Gott sein Wort
fort
ins Nichts hinaus,
dass Dinge werden und Leben keime daraus.
Er rief es, und es scholl
von Pol zu Pol;
und es scholl
des Machtwortes Echo zu Gott zurück
aus dem Chaos, das geworden war,
das brodelte und zischte und dampfte und wüst war.
Und es donnerte
des Weisheitswortes Echo zu Gott zurück
von allen Sternen, die in Riesenfernen,
von unsichtbaren Armen gehoben und geschoben und gezogen,
ihre ewige Bahn zu begehen anfingen.
Und es begann
zu Gott zurückzubrausen
des Lebenswortes Echo von der Erde empor,
als die Winde brachen aus ihren Schlünden hervor,
und als sie aufzuwühlen begannen die Wassertiefen
und zu raufen die Wipfel der Bergtannen,
darob die Menschen und Tiere erwachten mit Bangen zum Leben
und aufschrien ob dem schmerzlichen, wilden Geschehen.
Und als das erste Menschenpaar sein erstes Lied sang
beim Wispern weicher Mittagswinde in den Gartenbäumen,
da begann des Lebenswortes Echo
zu Gott zurückzubrausen.

Die Welt ist voll vom Brausen der tausend Stimmen,
darin die Not und Freude der Menschheit und der Tierheit klingen.
Die Welt ist voll vom Krachen und Klirren
der Riesenkräfte, die im Weltall durcheinander schwirren.
Die Welt ist voll vom wilden Geschrei
der Menschen, die in Widerstreit und Hass und Mord durcheinander schrei'n.
Mensch,
willst darob dich zitternd verkriechen in deine Höhlen?
Mensch,
bleibe und schliesse deine Ohren auf,
der Welt Gedröhn und Gestöhn und Gesang zu hören.
Mensch,
raff deine schlotternde Kraft zusammen,
schlägt die Übergewalt des Gotteswerks über dir zusammen.
Mensch,
entschnüre deine Kehle
und lass, mit der Welt im Verein,
das Gotteswort
deine Stimme singen und jauchzen und schrei'n.

In heiligen Nächten

In heiligen Nächten
geh'n ungesehene, nie erlauschte Mächte
durch Wald und Garten
und nahen den Keimen, die in Hüllen kauern
und trauernd
die Erweckung erwarten.

In den heiligen Nächten
rühren geheimnisvolle Geistermächte
an allen Knospen
und lösen ihre verborgenen Bande,
die sie umwanden,
geschnürt von dem Froste.

Am heiligen Morgen
ersteht das Leben lustüberbordend
im Glanze der Sonne.
Es entflattern im Wind die gelösten Bande,
und aller Lande
hörst du nur von Wonne.

Find‘ an heiligem Morgen
ich die Seele wohl auch einmal frei geworden
von schnüreden Bürden,
dass sie der Erdenschwere entfliege,
jauchzend zum Siege,
frei wie die Winde?

Blüten

Als strahlender Blust den Knospen entquoll,
durch die Welt hin ein jauchzendes Werdelied scholl.
Doch ich sah schon ein Blättchen ums andere fallen
im Wind. Bald verweht er sie alle.

Ich sah Menschenblüten lusttrunken schwellen;
den Sonnenschein wollten sie lachend erhellen.
Wenn's den Menschen nur nicht wie dem Blust ergeht,
den schnell, ach, zu schnell nur der Wind verweht!

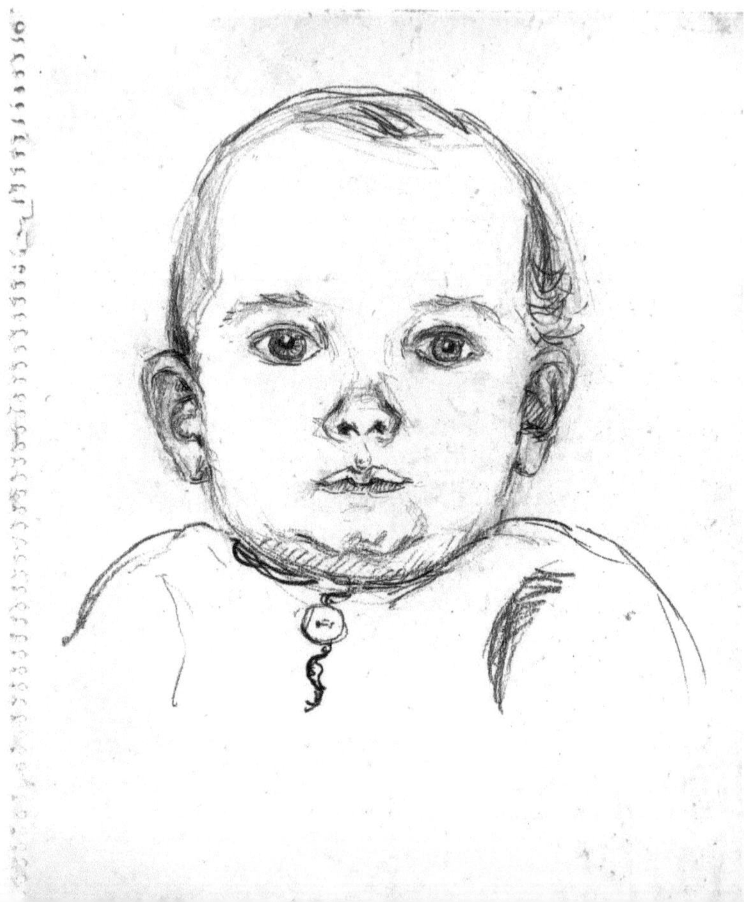

Der Efeu

Siehst ihn, dort bei dem Portale
des Kirchleins, den ergrauten Stein
mit den zermürbten Runenmalen,
die fromme Liebe einst grub ein?

Hat viel gewirkt zu Gottes Ehr‘,
der längst schon hier in Frieden ruht;
für andre oft gedarbt gar sehr,
schreibt das Gedenken hier ihm gut.

Wohl nennt man nicht mehr seinen Namen
hier in dem Ort herum,
und die empfingen seine Gaben,
ach, auch sie sind längstens stumm.

Doch aus des Pfarrers Grabe klomm
ein Efeu hoch die Wand empor.
In jedem Sturm und Wetter fromm
hält er's Gezweig zum Schutze vor.

Ob Schneesturm brauste, Sonn'glut lohte,
nie sah ich welken ihm ein Laub.
Ob in der Kraft des frommen Paten
er an ein ewig Leben glaubt?

Wenn der Tod ersteht

Die Sonnengluten sind verflackert.
Durch steigende Nebel humpelt die Nacht
über die Schollen des leeren Ackers.
Der Farben rauschender Sang ist verhallt.
Das Schweigen liegt auf den Feldern kalt,
bis der lauernde Wind sich hebt
und das dürre Laub in tollem Wirbel umdreht
und dann in die dürren Stengel der Maisfelder fährt.
Dass tausend Stimmen
anfangen zu klingen
und wie rostige Messer schleifen und singen:
Heran!
Dass es wie ein Schnitt durch die Adern geht:
Heran,
der Tod ersteht,
der Tod umgeht!
Heran, heran!

Die Sterne stehen am Himmel und flackern
darüber, wo die Stimmen kreischen im Acker.
Sie flackern wie die Lampe,
die mit dem Wind ums Leben ringt.
Ha! Tausend Lichter flackern rings
um das Feld,
in den Häusern hier um den Acker.
Tausend Leben, die hinter die Fenster geflüchtet,
derweil der Tod umgeht, und schauen durch die Scheiben
und fürchten, sich zu zeigen,
und zittern, dass er sie rasend
alle ausblase …
und flackern.

Es ist, als gehen die Toten um

Es ist, als gehen die Toten um,
wenn das Herbstland rings in Sterbensnot
sich breitet still und stumm,
verwelkte Blätter auf allen Wegen liegen,
im Wirbel sich drehend und wiegend,
flüstern, rauschen, rascheln ums Gestein,
als wär es Totengebein,
und steh'n wieder still und ratlos.
Warten sie wohl auf mich bloss?
Ich eile vorüber in furchtvoller Hast;
sie eilen mir nach in wirbelnder Hast
und rauschen und rascheln und trappeln,
ob dürre Knöchelchen klappern.
Ob sie meine Hilfe suchen,
ob tückisches Leid mir fluchen?

Wenn herbstend erstillt die Welt ringsum
und raschelnde Blätter fliegen
und lauernd auf allen Wegen liegen,
ist mir, als gehen die Toten um.

Die Mutter

Sie wollte sich nicht putzen und zieren
und nicht auf den Strassen sich zeigen,
und nicht im geschmückten Saale ihr Vergnügen suchen
beim Girren der Geigen.
Sie wollte von niemand gesehen sein
und freute sich nur in der Stille daheim,
tagaus, tagein zu schaffen und zu sorgen für die Ihren.
Sie dachte nicht daran,
ihren eigenen Leib zu laben,
sorgte stets nur, dass wir genug und im Überflusse haben …
und nachdem sie uns alles gegeben,
was sie besass und war
- noch war nicht ergraut ihr Haar -,
hat man sie zu Grabe getragen.

Gestorben

Er sei gestorben, hat man mir gesagt.
Wer wundert sich?
Längst war er ein Todeskandidat.
Wer trauert um ihn?
Längst hat er der Welt keinen grossen Tribut mehr gegeben.
Die sich freuen mögen und schaffen,
die Jungen, sie sollen leben!
Und doch, und doch; mir ist,
als sei die Welt um eine Liebe ärmer geworden.
Um eine Liebe?
Ist seine Liebe denn auch gestorben?
Nein, nein, sie lebt;
die Liebe lebt!

Früh heimgegangen

Du pflügtest die harte Erde auf
mit emsigem Fleiss.
Es troff und troff stetsfort darauf
deines Antlitzes Schweiss.
Du batest Gott, deiner Saat zu geben
die Fruchtbarkeit,
der unvergänglichen Ruhe Segen
nach dieser Zeit.

Du pfropftest manches edle Reis
auf wilde Schosse,
dass in späten Tagen für deinen Fleiss
der Lohn dir sprosse.
Dein Herz stetsfort zu veredeln,
bemühtest du dich,
dass der Tugend Frucht am Abend des Lebens
beglücke dich.

Noch ist das Feld, das du besät,
dir kaum gereift;
die Frucht des Baumes, den du gepflegt,
deiner Hand kaum gereift.
Da ruft dich Gott aus Feld und Garten
schon früh heraus,
zu empfangen den Lohn, den du erwartest,
im Vaterhaus.

28. Aug 16.

Schicksalsfragen, Hoffen und Bangen

Glückselige Bande

I. Zagen

In Fesseln wollte man mich legen
und führen mich nach fremdem Sinn.
Nicht ich soll wählen meine Wege
zu meinem Paradiese hin?

Und rings die weite, schöne Erde,
die allen, allen offen steht.
Mir soll sie zugepfählt nun werden;
mein nur die Klause, dornumhegt?

Der ich durcheilte Tal und Hügel
in junger, stürmend wilder Lust,
soll binden lassen mir die Flügel,
hergehen zahm und pflichtbewusst?

Entbrannten gar der Sehnsucht Flammen
nach hoher Künste heil'gen Höh'n …
Muss ich als Irrlicht sie verdammen?
Sie leuchten mir so oft und schön!

Wird nicht zu schwer mir Joch und Bürde,
der heil'ge Dienst zum Überdruss?
Werd nicht vergessen ich die Würde
beim Locken der verschmähten Lust?

II. Ermutigung

„Nicht zagen“, sprach zu mir der Meister
und fasste mich mit starker Hand.
„Was fürchtest du sie, kleinen Geistes?
Sie ist des Glücks dir sich’res Pfand!

Ist Fessel dir, nur um zu weisen
im nächtlich fährnisvollen Grund
stets sicher, lichtvoll die Geleise,
bis dass dir tagt des Morgens Stund.

Ist Fessel dir, um dich zu führen
aus nebeltrübem Erdental,
durch hoch Gefels den Weg zu spüren
zum heil’gen Berg, zum Hochaltar.

Dass, ob gefesselt, doch in Freiheit
du wandeln mögst im hehren Licht.
Befreit von irdischer Gemeinheit,
du ahnst der Herrlichkeit Gesicht.“

III. Hingabe

Nicht ist mein Fuss auf Felsensteigen,
o Herr, zu klimmen noch gewohnt.
Will sich dem Aug‘ der Abgrund zeigen,
wird Mut und Kraft zum Hohn.

Dort willst du führen mich in Liebe
zum hiel'gen Berg der Herrlichkeit.
O Herr, an dich gefesselt bliebe
ich gerne bis in Ewigkeit.

Ja, führ' mich nur durch Felsenspalten,
durchs Sturzgestein im Mittagsbrand!
Will treu an deinen Tritt mich halten;
wie selig ist's an deiner Hand!

Gefesselt

Sieh dort die Welle,
wie sie drängt und zwängt und schiebt,
voll Ungestüm sich bäumend hebt!
Übers schleichende, faule Gewässer
möcht‘ sie hinweg.

Sieh dort den Baum
im angebüschten Raum!
Er neigt übers drängende Strauchwerk hinaus.
Fühlst, wie's in den schwellenden Adern
ihm kocht und braust?

Ich stecke im Schwarm;
der schiebt sich träg und faul
und fettgefüttert voran. Ich sinne,
wie sich mein zorniger Fuss
dem Sumpf entrinne.

Zu Geisteshöhen
wollte mein Herz hinan.
Es banden ihm knechtische Geister die Schwingen
an die Erde mit Regelkram.
Wer sprengt ihm die Zwingen?

Die zwei

Dass ich immer allein bin,
staunt ihr mich an;
und dass ich froh bin dabei;
und dass ich nicht nach der Meinung der andern frage,
und um ihre Gunst nicht hoffe und zage;
staunt ihr mich an.
Und möchtet mich fragen,
ich würde es euch doch nicht sagen,
dass ich in mir ein seltsam Geheimnis trage,
ein geheimnisvolles, geteiltes und vereinigtes Element:
Etwas in mir,
das immer schafft und stürmt und vorwärts rennt;
das nicht fragt, ob Feinde am Wege lauern;
das keine Zeit hat zum Zagen und Trauern;
das kühn seine Hand ausstreckt nach dem, was es will;
das sich nicht zur Ruhe legt,
ehe sein Weg am Ziel;
etwas, das weiss, dass es mich ist;
dass es bei niemand betteln muss geh'n,
und dass es, soll's sein,
sich vor aller Welt wohl lassen darf seh'n.
Und etwas in mir,
das arm ist
und für jede Gabe Dank sagt;
das Mangel und Not still trägt
und nicht verzagt,
und nicht immer nach dem Warum frägt;
das dem Gefährten auf dem Weg gern die Hand reicht,
aber sich vor der Welt nicht gerne zeigt;
das am liebsten daheim ist in der Stille und schweigt;
das von seiner Armut doch immer etwas zu schenken

für andere übrig hat,
ohne darauf zu denken,
dass man Dank ihm sagt.
Diese zwei in mir
haben einander lieb
und wollen immer beisammen sein.
Darum sind sie überall in der Welt daheim
und kennen kein Einsamsein,
und freuen sich, dass niemand weiss von ihrem trauten Verein.
Drum mag ich immer einsam sein
und immer froh sein.

In neuer Weise

Jeden neuen Mai
spüre ich, wie neuer Saft in meinen Adern steigt
und neue Blüten treiben aus neuen Zweigen;
spüre,
wie meine Seele lebt
in neuer Weise,
wie ein neuer Ring um meinen Stamm sich legt,
wie neue Lieder an meine Ohren klingen
aus neuen Fernen,
leise.
Spüre,
wie das Alte
mählich muss erkalten
und dorrt und stirbt,
und wie meine Seele ewig wachsen muss
und niemals fertig wird.

Entmutigt

Immer denselben Weg muss ich geh’n
und immer doch an derselben Stelle steh’n.
Und du
schaust in deiner Ruhe mir zu.
Gehe nur, gehe nur voran, schreite mutig aus,
sagst du.

Eine Last muss ich haben,
immer dieselbe Last,
so schwer, dass sie zermalmt mich fast;
und immer liegt sie doch wie am Anfang hier
vor den Füssen mir.
Und du
schaust in deiner Ruhe mir zu.
Hebe sie nur, bemühe dich nur, gedulde dich,
sagst du.

Dieselbe Arbeit tun Tag für Tag
muss ich,
im Schweiss meines Angesichts
und sehe, dass ich sie nie vollbringen kann;
und jeden Morgen fange ich sie aufs neue an
mit minderem Mut.
Und du
schaust in deiner Ruhe meiner Mühsal zu.
Arbeite nur, vollbringe dein Werk, mache es gut,
sagst du.

Der Engel des Zornes

Ich wähnte,
er wäre mein Feind,
dem es Freude war, mir weh zu tun;
der an allen Wegen lauerte, um mich zu schmäh'n
und meine Freude zu verderben.
Ich wusste noch nicht,
dass du Bösewichte rufen kannst, deinen Dienst zu tun,
indem ich meinte,
dass deine Engel immer Lichtgestalten seien,
die liebend meinen Spuren folgen
und mich auf den Händen tragen.

Da ich nicht wusste, dass du Engel auch
mir zu senden gewohnt bist, die du mit Zorn bewaffnest,
um die schweren Lasten, die du ihnen gabst,
auf mich zu werfen in Wut,
vergass ich,
ihm in Ehrfurcht zu begegnen
und zu sagen, dass ich dein Knecht bin.

ungerechten Mammons beneiden, wenn sie in der sozialen Frage nur den Ausgleich der zeitlichen Güter suchen, wenn sie mit den Sozialisten den Ruf erheben nach einem Völkerstaat, nach einer gewaltsamen Teilung. Es läuft viel Unchristentum in der christlich-sozialen Bewegung mit. Das Streben nach wirtschaftlicher Besserstellung darf nicht verpönt werden, aber die innere, religiöse Regeneration muß vorausgehen. Das ist der Kern von Seipels Sozialpolitik. Ich habe früher gemeint, er habe kein soziales Verständnis u. kein soz. Interesse; nun finde ich ein sehr großes, aber nicht im Sinne jener, die nur vom Schutz d. Massenforderungen reden u. kämpfen. Ich selber war mehr od. weniger einseitig von dieser materiellen Seite der Sozialpolitik beeinflußt; ich habe zwar in meinen Vorträgen diese immer von der religiös-grundsätzlichen Seite behandelt, aber immer mit einem Gefühl der Unzulänglichkeit, da ich mich in praktisch wirtschaftlichen Fragen nicht auf der Höhe fühlte. Ich bin also doch den rechten Weg gegangen.

Mittwoch, d. 27. Okt.

Verklärung.

Wie schimmert durch das Nebelgrau
so hell am späten Nachmittag,
so froh. – Mein Herz vertraut
dem Leben sich mit frischem Schlag!

Sieh, Baum u. Flur u. Hügel dort
erstehn aus ihrem Nebelgrab,
als ob ein neues Schöpfungswort
ein glänzend neues Leben gab!

Die Weichsel dort so farbenfroh
u. Hof u. Flur u. Hain verklärt.
Im Dämmerdufte ziehn darob
die sanften Höhenhügel her.

Es webt rings Andachtsstille her.
Kein lauter Ruf, kein froher Hall.
Ob in dem Schimmer nicht der Herr
still durch die neue Schöpfung wallt. –

Am Mittag lag der Nebel noch stockdick u. hoffnungsarm hinter den nächsten Häusern. Dann auf einmal das siegreiche Durchbrechen der Sonne! Ich wußte mich vor Freude fast nicht zu fassen. Der Regens mochte die Psalmen erklären so schön wie er wollte: die Theologie da draußen war jetzt die allerschönste. Also wieder wie in seliger Kinderzeit; ich denke, es ist ein gesundes Zeichen. – Das Aufheitern gegen Abend bringt nun auch die wundervollsten Vollmondnächte. Sie ist schauerlich diese Mondesstille, wenn der Mond nicht in einer Wolkenwand sich warm u. golden u. lebendig abhebt. – –

Todesstille.

Es rieselt des Mondes Silberschein
so weiß über Stadt u. Land herein
u. in der dämmernden Gasse dort
verhallt das letzte, sterbende Wort.

Ganz fern dann einem Glockenmund
dröhnt summend die letzte Abendstund.
Hier fällt ein Läubchen mit zagender Hast
ein Blatt von des Baumes entblätterten Ast.

Ein Quellchen hüpft eilend sich dort durch den Grund —
wie Murmellaut vom betenden Mund. —
Ob wohl eine heimliche Angst es befällt
beim Fliehen aus der todesstillen Welt?! —

Die Wiese, der Wald u. Hügel u. Hain
zerdämmern im eiskalten Mondenschein.
Wie ist's in der Weite so schaurig still
u. schmilzt mein Herz mir gedankenschwer! — —

Der Lebenshauch.

Ein glühend Leuchten im Osten flammt
u. frisches Lüftchen streicht vom Tau,
wie ungesehenes Flügelwehn,
durch schlummernde Täler u. Höhn,

Gleich Himmelsengeln die Lüfte nahn
sich allen Feldern u. Blumen an
u. zünden Lichtlein an Halm u. Strauch
ein Leuchten u. Leben im Morgenhauch,

Sich schiebend durchs Kammerfensterlein heben
u. unerlaubt vor deinem Schweben.
Ein Wunder hast du erwachend gesehen
u. weißt es nicht, wie das geschehen. — —

Donnerstag, d. 28. Okt.

Heute in der Kirche bekamen wir das Exorzistat u. Akolytat. Ich habe mich auf keine Weihe so gefreut, wie auf diese. Herrscher worden mit göttlicher Macht über die Geister der Finsternis, vor denen die ganze Welt zittert. Die Kreatur befreien von der Macht des Tyrannen, die so sehnlich der Erlösung entgegenseufzt! Ein Gotteswerk, den Menschenhänden anvertraut! —

Alles harrt auf ihn

Alles ist in Einmut versammelt und harrt auf ihn:

Die blühenden Halme auf den Feldern
stehen einer neben dem andern,
friedsam, schweigend, harrend;
und keiner will die anderen überragen,
und keiner will mehr vom Ackergrund haben.
Sie stehen beisammen unübersehbar
und schweigen und harren.

Die Tannen in den Wäldern stehen beisammen
auf engem Raum Stamm neben Stamm;
und alle tragen das gleiche Kleid,
und alle summen das gleiche, leise Lied,
ohne Freud, ohne Leid;
und keiner wagt es, zu treten aus dem geschlossenen Kreis.
Unübersehbar stehen die Tannen
und schauen mit dunklen Augen zum Himmel hinan,
und harren.

Die Menschen im Dom stehen eng beisammen,
und alle hält eine Liebe umfangen;
und alle beten gebeugt in sich hinein
und hoffen
auf die grosse Erfüllung, ohne die sie nicht können sein;
hoffen Befruchtung und Reife und Stillung;
erhoffen
den segnenden Heiligen Geist,
der ihnen versprochen.

Ich kann nicht sein, wo alle sind;
ich muss nach etwas jagen,
das meine Zunge nicht benennt;
und ich muss eine Sucht im Herzen haben,
die mich ruhelos durch Wirrnisse sprengt.
Ob ich es finde,
das Geheimnis, das Frucht gibt und reift und stillt,
da ich nicht dort sein kann,
wo alle, die hoffen, beisammen sind?

Was man niemand sagen kann

Als Kind schon sah ich fragend
zum Sternenhimmel empor;
und an jede gelbe und weisse und dunkelrote Blume
hatte ich eine grosse, grosse Frage;
und an jede Quelle, die geheimnisvoll
aus dem Schatten des Gehölzes quoll,
meine grosse Frage.
Und überallher hab‘ ich Kunde empfangen;
jene Kunde,
die man nicht mit dem Ohr erlauscht,
die man nur mit dem Herzen erhorcht.
Mein Herz hat überall Kunde empfangen
und hat begierig gehorcht.
Die Grossen werden das längst erfahren haben,
dachte ich
und sagte nichts.
Sie werden wohl kein Interesse mehr dafür haben.

Dann hörte ich von Gott erzählen,
der alles schuf
und über allem ist,
und überall wohnt.
Dann ist er wohl auch bei mir,
dachte ich.
Ihn hatte ich viel zu fragen
und er mir viel zu vertrau’n und zu sagen.
Er führte mich zur liebsten Mutter,
schon früh.
Mit keiner Silbe verriet ich, nie,
dass mir Maria so mächtig lieb;
mit keiner Silbe, nie;
und dass ich ihr heimlich Blumen zugetragen.

Hätte es sie dann nicht betrübt,
wenn ich nicht schwieg
über das, was zwischen uns in der Stille sich zugetragen?
Im Herzen lagen mir noch manche Fragen:
Nach dem Christkind;
und wie die Menschen so geheimnisvoll auf Erden
erschienen sind;
und warum es mich
mit so seltsamer Süsse und Bangnis berührt
und meine Seele mit Banden umschnürt,
wenn ich gewissen Menschen begegnet bin.
Gibt es denn Worte,
nach solchen Dingen zu fragen;
ist es nicht Torheit,
oder gar Sünde,
von solchen Dingen etwas zu sagen?

So sagte ich nichts
und fragte nicht
die Jahre hindurch, und schwieg.
Es war,
als ob das alles, was ich heimlich erfahren,
mit allen Fragen
wie eine Plunderwelt in meiner Seele
entschlief.
Ich schlief und schlief.
Dann habe ich irgendwo
ein Zauberwort erhorcht
und habe es nachgesprochen.
Drob ist die entschlafene Wunderwelt erwacht,
und was ich nie mochte sagen,
nötigt es mich jetzt ohne Rückhalt zu sagen;
und was ich nie wagte zu fragen,
zwingt es mich unerbittlich zu fragen … das Zauberwort.

Einsamkeit

Der Einsame

Allein
muss ich meine Wege geh'n
durch die Tage.
Allein muss ich meine Last tragen
und darf sie nicht für Augenblicke
fremden Schultern abladen.
Keinem Menschen kann ich
von meinen Hoffnungen und meinen Nöten sagen.
Allein muss ich mein Mahl verzehren
und kann mich kaum der Einsamkeit erwehren,
die, hungrigen Ratten gleich,
überall mich anschleicht,
an meinem Herzen zu zehren.

Menschen sehe ich um mich her,
Menschen, die mit freundlichen Augen nach mir schauen;
Menschen, zu denen mein dürstendes Herz
um Liebe betteln geht;
Menschen, die mein Herz umschlingt mit klammernden Armen.
Und meine Füsse müssen angewurzelt am Boden steh'n
und können den kurzen Weg zu ihnen
nicht geh'n;
und meine Zunge ist mit Lahmheit geschlagen
und kann keinem der Vielen um mich her
von meiner Not sagen.

Heimatahnen

Der kühle Nachtwind rauschte
sacht durch die Bäume hin.
Ich stand am Fenster, lauschte,
wie's schauerte im Laube drin.

Die Bergesgipfel standen
im blassen Mondenschein;
in dunkeln Gründen schwanden
Au und Flur und Hain.

Ein leises Frösteln rann
mir in das Herz hinein:
nie fand ich mich so einsam
im weiten Weltenhain.

Die Wolkenstufen stieg mein Blick
irr suchend dann hinan.
Was bebte ich zurück?
So eigen kam's mich an.

So hell und blendend schimmern
sah Himmelsbahnen ich.
Beim goldig warmen Flimmern
füllt' Heimatahnen mich.

Einsamkeit

Wie einsam die Alm,
wenn der Sommer flieht.
Wie schauerlich rings,
wenn der Herbstnebel zieht.
Wie bang das Düster, wie bange,
der dunklen, schweigenden Wettertanne.

Ein einsames Tier
schleicht her zu mir,
schaut mit schüchternen Augen mich an
und naht sich heran.
Will es mit mir sich härmen?
Will es an mir sich wärmen?

Man wandert einsam

Man wandert einsam,
wenn die Herbstnebel lasten auf den Bergen.
In grauer Dämmerung siecht das Land,
und der Wald, seines Schmucks verdrossen,
ihn auf die Erde warf und in die Gossen;
wenn es langsam das letzte Gras in den Boden zieht:
Dann zieht das Gepäck einen selber nieder an den Händen
und die Last, die man längst in der Seele trug
und heute zum ersten Mal spürt.

Die Einsamkeit

Sie gingen von dannen
und liessen mich allein,
allein
mit der Einsamkeit.
Die Einsamkeit ist tot;
dass sie belebt sich und regt sich mit tausend unsichtbaren Gliedern
um mich her.
Die Einsamkeit ist still;
dass sie wird laut
und rauscht mit tausend unsichtbaren Messern
und zischelt um mich her wie schleichende Schlangen im Kraut.
Die Einsamkeit ist blind
und dunkel wie die mondlose Nacht;
dass glotz sie gier
mit tausend lauernden Augen ringsum und um und um nach mir.
Die Einsamkeit schläft
wie eine sanfte Buhle im Bett mit mir;
doch hält sie schon die Glieder gespannt,
gleich prallem Bogen in Jägers Hand,
zum Sprunge auf mich wie ein reissendes Tier.
Die Einsamkeit leckt
mir sanft und schmeichelnd die Hand;
doch saugt sie aus meinen Adern das Blut
und saugt und saugt mit unersättlicher Gier.

Das Frohsein

Ich war daheim,
allein,
den ganzen Feiertag
und war heiter und liedesfroh;
und mein Herz so blank
wie der Abendhimmel über dem Land.
Da gewahrte ich,
dass ein Schatten über die Seele schlich;
gewahrte,
dass man vielleicht nicht ganz froh sein kann,
wenn nicht zwei Seelen sich ihre Freude sagen,
wenn nicht zwei Pulse Hand in Hand
und die Harmonien zweier Herzen
ineinander schlagen.

Priestertum

Pax

„Kommt, nahet, die ihr meine Freunde,
nicht meine Knechte fortan seid!
In meines Priestertums Geheimnis
hab‘ ich euch gänzlich eingeweiht.“

So sprach der Herr, und meine Hände
schloss er in seine heil’gen ein.
Indem er Aug‘ in Auge senkte,
schaut‘ mild er mir ins Herz hinein.

„Willst stets du steh’n und treu an meiner Seite
und meinen Willen tun?“
„Dich will ich auf dem Opferweg geleiten,
in deinem Willen ruh’n.“

„Kannst trinken du mit mir den Kelch der Leiden
bis auf der Hefe Grund?“
„Gib deine Gnad, dass ich stark stets bleibe
bis zu der Todesstund.“

„Willst meines Vaters Willen du erfüllen
nach meines Beispiels Weise?“
„Zu tun nicht meinen, nein, des Vaters Willen,
sei fürder meine Speise.“

„So bleibet stets denn meine Freunde,
indem ihr meinen Willen tut.
Ihr seid geweiht im heil'gen Geiste;
er gebe Trost dem zagen Mut.

O, bleibet stets in meiner Liebe“,
sprach er und küsst‘ uns Neugeweihte.
„Es sei mit euch des Herzens Friede,
sei ewig euer Weggeleite!“

Das Kleid der Liebe

„Nimm hin das Kleid der Liebe
vom heil'gen Geist geweiht“,
sprach Christus, als ich kniete,
und hat mir's dargereicht.

„Es kleidete mich gut
in Freud‘ und Seligkeit,
als ich vor Ewigkeit
in Vaters Schoss geruht.

Es kleidete mich warm,
als ich einst Mensch geboren
- zu retten, was verloren -
im Stalle nackt und arm.

Der Liebe Kleid umfing
mich schirmend immer noch,
als ich beraubt und bloss
im Tod am Kreuze hing.

Es wird dich wärmend schirmen,
weil du mir hast geglaubt,
wenn Hass und Not in Stürmen
dir Hab und Gut geraubt.

Nimm hin das Kleid der Liebe,
es ist dein Priesterkleid.
Es sei dir Trost und Friede,
vom heil'gen Geist geweiht!"

Die Frage des Priestertums

Eine Frau,
die an Herz und Hand rein ist,
wie jemals ein Priester war …
und darf nicht Priesterin sein.

Mann und Frau,
die sich lieben stark und rein,
wie je eine Liebe Gatten verband …
und dürfen nicht Gatten sein,
weil es die heilige Schranke verneint.

Ein Priester,
opfernd seiner Berufung getreu,
eine Frau ihm zur Seite, ihn stützend,
die ihre Gaben auf seine Patene legt … mystère.

Gottsucher

Ich habe Gott gesucht
und finde ihn nicht, sagst du.
So gehe hin in den hohen Dom
und knie dort vor seinen Thron;
so findest du ihn.
Ich mag nicht in den Dom
und mag nicht knien.

So geh hinaus,
renn‘ durch die Gassen;
und den ersten Menschen, den du triffst, den fasse
bei der Hand nur kühn und blicke ihm ins Auge
und in die Seele tief hinein;
und Gott wird dir nah sein.
Ich kann nicht zu den Menschen geh’n,
mag sie nicht seh’n.
Sie haben mich verraten und verlassen,
ich muss sie hassen.

So flieh hinaus ins einsame Land
und schöpfe vom Weg eine Hand voll Sand,
und greife mit deinem Arm in den Wind,
der durch die Öde raschelt und singt;
dann greifst du ihn.
Ich kann nicht im einsamen Lande sein;
doppelt schüttelt mich draussen die Öde und Pein.

So wirf dich deinem Elend in die Arme
mit verzweifelndem Schrei,
und verlange nichts mehr zu gelten und zu sein.
Wirf in deinem Zorn dich weinend hin;
dann fällst du auf ihn.

GEBETE

Zu Gott

Gern wollte ich, Herr,
dir nahen,
um ganz in deiner Hand zu sein.
Könnte ich zu dir geh'n wie ein Kind zu seinem Vater,
das weiss, dass er ihm gut ist.
Doch weiss ich, dass ich schuldbar bin vor dir.
Wie soll ich mich auszuliefern wagen
deiner Hand, die rächend sich streckt nach mir,
der ich schuldbar bin.
Doch weiss ich auch, dass du allein
nicht nur die Macht hast zu strafen, sondern auch zu verzeih'n
die Schuld, die ich mir zuzog wider dich;
die ich aus Schwäche bloss, nicht aus Vorsatz, wider dich beging.
So will ich fürchtend und hoffend zu dir flieh'n,
der nicht nur strafen kann,
sondern auch verzeih'n.

Bitte

Ich will dir alles geben, Herr,
und mich selber ganz.
Nur bitt‘ ich dich,
du wollest schonend noch mit mir sein
in den Forderungen, die du mir auferlegst;
denn ich empfinde deutlich,
dass meine Kraft erst noch begrenzte Last erträgt,
und dass es Dinge gibt, die du noch nicht verlangen darfst
von mir,
weil ich’s nicht trüge.
Ich will mich geben dir ganz ohne Lüge.
Nur schonend noch mit mir zu sein,
fleh‘ ich dich an.

Meine Armut

Du teiltest mir von deinem Gute aus
mit übervoller, unerschöpflicher Hand;
und ich nahm es an
und sann nicht darüber, wie viel es war und woher es kam,
und labte mich und tat mir gut daran.
Ich törichter Mann!
Und jetzt, da du fragst,
was gibst du mir endlich als Gegengabe,
bedecke ich mit meinen Händen die Scham
in meinem verwirrten Gesicht
und muss gesteh’n, dass ich nichts habe.
Doch!
Hast du meiner dich zu erbarmen im Sinn,
nimm meine Armut hin.

Wir geben uns ganz in deine Hand

Frohlockend bekennen wir, dass du bist,
o Gott,
von der Nährkraft deines Selbstbekenntnisses zehrend,
uns nährend
und froh,
dass nichts zu bestehen vermag ohne dich.
Wir geben uns ganz in deine Hand,
Allgütiger du,
all unser Fürchten und Hoffen und Sehnen, wissend,
dass Heil allen Dingen werden wird aus dir;
wissend,
dass all Ding, auf das wir Hoffnung bauten,
nur Bestand hat auf dir.
In nie verlöschender Lohe verlangt unser Wesen,
entgegenzukommen dir,
Urflamme du,
Urbeglückung du,
und Ziel du allem.

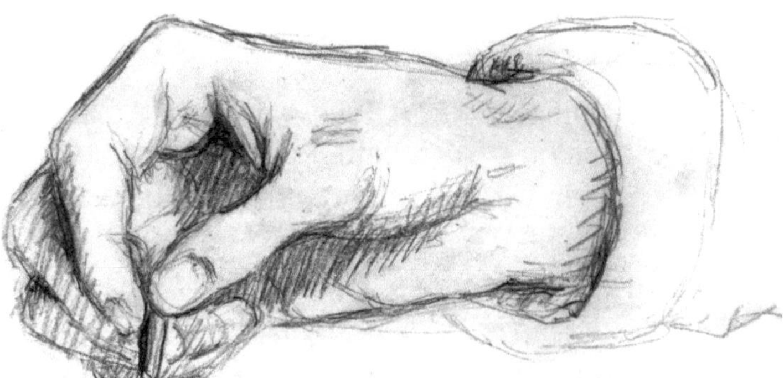

Morgengebet

Grau!
Graue Schemen liegen leblos um mich her.
Auf den Wäldern und Hügeln lasten dunkle Wolken schwer.
Die Welt!
Ob sie lebt;
ob sie wird und ersteht,
oder vergeht und verweht?
Kalt
ist die graue, tonlose Öde, kalt.
Die Seele friert.

O, Gott:
Du bist!
Wie? Glaube ich, dass er ist?
Du bist, ich fühle deine Wärme,
indem ich mich an den kalten Schemen härme!

O, Gott:
Du bist gut!
Meine Seele zieht wieder Odem
und erhebt sich vom Boden.
Du gibst zum Leben ihr Mut!

O, Gott:
Du bist gut; ich gehöre dein!
In den Armen deiner Liebe bin ich erwacht.
Dein war ich schon, meiner unbewusst, als ich schlief in der Nacht.
Nicht allein bin ich im leblosen Schein!
Ich bin in deinem Arm;
du bist warm.
Dein will ich sein!

Lass mich erhöht werden

Heiland,
ich sehe dich am Kreuze erhöht
gen Himmel,
wie eine Pflanze,
die man mitsamt den Wurzeln aus dem saftigen Boden riss;
die in der Sonne verdorrt
und in der Glut ihres Durstes verbrennt.
Als ein Brandopfer sehe ich dich
für die Sünden der Welt.

Heiland,
lass aus der Erde reissen die Wurzeln,
mit denen meine Seele gierig
die Säfte des sündigen Erdreichs sucht.
Lass mich dürsten,
lass mich brennen,
lass mich erhöht werden.

Die Nächte Christi

Wenn sie darniedersanken
in den Schlaf ihrer Ohnmacht, die des Tags dir gefolgt waren,
Heiland,
dann gingst du auf deinen Berg
und schwebtest empor zur schweigenden Lichtheit,
in der dein Vater wohnt.
Du betetest
und redetest von Angesicht zu Angesicht mit ihm,
der wohnt in der Lichtheit der Nächte.
In der Kraft dieser Nächte gingst du dann
mit deinen Getreuen durch den neuen Tag hin.

Heiland,
reiche mir deine Rechte.
Leihe mir die sehende Kraft deiner Nächte.
Lass mich mit dir
auf dem Berg knien.

Weihnacht

Erwartung

So feierlich im Winterkleid
stellt Land und Dorf sich vor;
so voller Glanz und stiller Freud‘.
Es steht ein Fest bevor!

Und die Natur in frommer Sorge,
wie deckte sie nicht alles zu,
was auf der Wiese und im Dorfe
sich ordentlich nicht trug.

Ein jedes Läubchen, das der Wind
nicht säuberlich vom Aste fegte,
und was an Plunder ihr ein Kind
nur in die Stube legte;

und schmückte dann -`s ist eitel schier -
jedweden Baum im Garten,
belud den Wald mit schwerer Zier.
Wer wollte das erwarten?

So bräutlich steht der Tannenhag,
wie Kinder im Weisssonntagsstaat,
dass ja sein Aug‘ Gefallen hab‘,
wenn bald der Herr sich naht.

Nur ein paar Sternlein werden schnell
noch auf den Weg gestreut.
Sie sollen funkeln heimlich hell,
dass`s Christkindlein sich freut.

Um Weihnachten

Wilde Winterstürme brausen
in den öden Feldern draussen.
Ein Frösteln durch die Glieder rinnt,
und sturmzerwühlt ist auch mein Sinn.

Bald werden die Winde schweigen,
die Wolken den Sternen weichen,
die im Abenddämmern glühen;
und Stille wird in die Welt einziehen.

Im Herzen drin werden Lichtlein brennen.
Indes mir Seele und Glieder erwarmen,
knie ich an Christkinds Kripplein, dem armen,
und lerne seinen Frieden kennen.

Die erste Freude

Lichtglanz überflutet die Fluren,
wo die Hirten haben nächtliche Wacht.
Engelscharen singen und künden:
„Gottes Freude brach auf diese Nacht!

Euch ist heute der Heiland geboren,
der dem Vater versöhnet die Welt.
Offen stehen des Himmels Tore,
die die Sünde euch allen verstellt.

Der Weltsünd' unendliche Schulden
will er zahlen aus seinem Schatz;
des Vaters Verzeihung und Hulden
hat er euch vom Himmel gebracht.

Die Sklaven der Finsternis waren
durch die Sünde seit Anbeginn,
sollen alle in Bälde erfahren,
dass sie Kinder des Lichtes sind.

Es stieg vom himmlischen Throne
Gottes einziger, ewiger Sohn,
euch all' zu entbinden der Frone,
euch zu setzen auf seinen Thron."

Die Mutter Christi

Ach, sie war arm,
als ihr verheissener Sohn dem Schoss entstieg,
obwohl sie reich war durch ihr Kind,
wie vor und nach ihr keine Mütter reich sind.
Doch wo sie zaghaft an die Türen pochte
und um bescheidene Wohnung fragte, um ihren Sohn
zu betten,
da sah'n die fremden Menschen nur
ihr geringes Kleid,
und niemand hatte Wohnung für sie und Zeit.
Wie hätte sie es denn fremden Menschen zu sagen gewagt,
dass das Kind, das sie trug,
unendlich mehr als anderer Mütter Kinder sei?
Wer hätte an ihren Schatz geglaubt,
den man nicht mit Augen des Leibes misst und zählt?
So kam es, dass sie die Häuser der Menschen mied
und im einsamen Stall bei den Tieren
ihr göttliches Söhnlein bettete in eine Krippe hinein,
gleich allen, denen
Gott geheimen, übergrossen Segen
in den Schoss gab.

Weihnacht

Die versehrende Hartheit des Windes schwand,
und eine Stillung
ward auf einmal,
kaum dass man sie gewahrte;
und schon sind alle Bäume und Zäune und die weiten Räume
ringsum schauerweiss ob der leise gütig
nahenden Erfüllung.
Makellos, ohne irgend Härte und Sehrung,
sind alle, nah und fern, und meine Seele
fand verwundernd sich so,
wie sie längst schon zu sein erhärmte,
und froh.

Symbolisches, Mystisches

Es ging eine Kraft von mir aus

Hast du einmal
einem Bruder, der von ungefähr des Weges kam,
einen kleinen, mühelosen Dienst getan;
bist auf dem Weg zu deinem Geschäft einen Augenblick
still gestanden
bei einem Fremden
und hast seiner Frage ein freundliches Wort gegönnt
und einen warmen Druck der Hände?
Hast einmal eine Seele,
die du welkend im Staube fandest,
emporgehoben,
hast ihr neuen Saft gegeben
und Mut zum Leben?
Hast nicht gewartet, bis sie dir dankten;
hast nur freudvoll gespürt,
wie eine Kraft von dir ausging
in die Bruderseelen?
Wie der Heiland,
als er sich umwandte in der Menge,
die ihn umdrängte,
und sagte:
Jemand hat mich berührt,
ich habe es deutlich gespürt.

Mondnacht

I.

Den Tag lang darbte das Herbstland,
das aufbruchbereite, nach Lösung und Licht
unterm Düster, das in drückender Dumpfheit
um die Berge war,
dämmerte in den Abend und in die frühe Nacht hinein,
bis endlich,
wie eine leichte, feine Frauenhand,
das Mondlicht durch die dichten Schleier einen Weg fand
und sich sachte auf die vielen müden Stirnen legte …
und auf den schlafenden Stirnen schwamm es
von zagendem Hoffen.

II.

Dunkel
liegen der Erde Schattentrümmer umher
in der Nacht, durch die
ein sanftes Licht sich herniedersenkt, als wie
wenn Gott jetzt ungeseh'n
eines schlafenden Sünders Antlitz suchte,
der am Tage ihn von sich wies und fluchte.

Das Unfassbare

Ein Wässerchen rauscht und rinnt
durch schlummernde, nächtliche Räume,
ob wachend, ob träumend.
Was es sinnt, was es singt?

Das Mondheimchen zirpt und läutet
um Hügel, durch Wälder und Land,
immerfort, die Mondnacht lang.
Willst sein Singen du deuten?

Es schimmern unzählige Sterne
aus dunklen Himmelsfernen,
majestätisch erhaben und mild.
Wer versteht wohl ihr Bild?

Man sagt, dass Sphären schwingen
den Sternenbahnen entlang
mit rauschendem, brausendem Klingen.
Wer erlauscht ihren Sang?

Auf hohem Grat sah ich Tannen ragen
ins verdämmernde Abendlicht.
Ich hörte sie raunen und fragen.
Sie erfragen's wohl nicht.

Verklärung

Es schimmert durch das Nebelgrau
so hell am späten Nachmittag,
so froh. Mein Herz, vertrau
dem Leben dich mit frischem Schlag!

Sieh, Baum und Flur und Hügel dort
ersteh'n aus ihrem Aschengrab,
als ob ein neues Schöpfungswort
ein glänzend neues Leben gab!

Die Wipfel dort so farbenfroh
und Hof und Flur und Hain verklärt.
Im Dämmerdufte zieh'n darob
die sanften Föhrenhügel her.

Es weht rings Andachtsstille her;
kein lauter Ruf, kein frecher Schall.
Ob in dem Schimmer nicht der Herr
still durch die neue Schöpfung wallt?

Gesichter

Es gibt eine Stunde,
in der die Dinge um mich aufhören,
Bäume und Häuser und Berge zu sein;
wo nur mehr Gesichter sind,
die stille stehen, hoch emporgehoben in den lichten Himmel,
oder die
mit umsponnenen Augen vor sich her schauen;
und solche, die auf und nieder gehen und ab und zu

sich weit hinausschieben
nach etwas, das sie in der Ferne noch seh'n.
Gesichter, die nicht reden,
nur seh'n;
die auch mit mir nicht reden,
doch sehen, dass auch ich nur mehr Gesicht blieb,
als alles Andere unvermerkt abfiel, was ich war,
als ich durch jene Stunde ging,
die in den Abend fliesst.

Braune Kastanien

So stolzer Baum
und gar so garstige Früchte,
dacht‘ ich mir oft, wenn mit dem Sonnenlichte
mein Blick im Mittagstraume
durch dein Geäste schlich.

Doch jetzt, im Herbste,
wo die Blätter falben,
bemerkt‘ ich staunend erst, wie allenthalben
die grünen Dornenschalen bersten,
und wie ein Kern
so glänzend braun da schimmernd
sich heimlich zeigt in ihrem Innern.
Ich sah ihn gern.

Ich hörte dich oft klagen,
dass dir dein Baum statt Früchten Dornen trage.
Gedulde dich im stürmisch wilden Hoffen,
bis sich der Sommer dir erfüllt;
dann quillt die Frucht aus ihrer Dornenhülle.
Du siehst’s und stehst betroffen.

Auch dich

Wie die Ameisen im Sand
krimmeln durcheinand',
ohne Weg und Ziel,
hinauf, hinab und her und hin,
sich unnütz plagen,
und ohne Sinn …
schiltst du.

Siehst nicht,
dass Gottes Hand ein jedes führt
seinen Weg entlang und an sein Ziel.
Besinn dich darauf:
Sind deine Wege mühsam und verworren und rau …
führt er dich nicht auch?

Befreit

Ich ging den Wald entlang
mit meinem Leid,
als der Föhnwind in wildem Liede sang
von Lenz und Mai.
Brennende Fessel band Seele und Sinne;
ermüdet legte ich mich
in den glimmernden Rasen hin.

Wer weiss, was geschah,
was in der Seele tief
mir wirkte,
derweil ich schlief?
Ich erwachte;
da lachte
der Himmel so blau.
Ich lauschte;
da rauschte
rings das Leben so laut.
Und staunend sah ich,
wie ins lockende Sonn'licht
ein sehnendes, drängendes Leben sich rang.
Und andächtig hört' ich,
wie in Buchwald und Röhricht
bald jauchzend, bald klagend,
und freudvoll und zagend,
von Lust und Kosen,
von Schmerz und Erlösung
ein tausendstimmiges Sturmlied klang.

Wer weiss, was geschah?
Der Lenz war mir nah;

meine Seele war frei,
war jung, froh und neu,
befreit von dem bösen,
fesselnden Bann.
Wer naht‘, sie zu lösen
auf heiliger Fährte,
als müd an dem Busen
der liebreich bemutternden Erde
ich schlief?

Ego sum vitis

Ich schaute von meinem Fenster
in den Abendsonnenschein.
Goldene Reben rankten am Klosterrain.
War's nicht, als sog jede Ranke
aus den Lüften glühende Sonnenflut?
Goldene Flut, die im Becher
perlt mir so freundlich und gut!

Einst rankte im Abendschein
eine Rebe am Pfahl empor;
goldene Rank‘, die der Himmel
pflanzt‘ in die Erde hinein.
Purpurne Tropfen perlten
aus frischen Wunden hervor.
Es tranken vom himmlischen Weine
unzählige Menschen bis heut‘.
Sie haben das Leben gefunden
und himmlische Seligkeit.

Der erwachende Dichter

Der Dichter

Das ist ein Dichter,
sagte man,
und zeigte mir den Mann.
Ich war noch ein Kind.
Das muss wohl ein wunderbarer Mann sein;
wer kann wohl mehr als ein Dichter
begnadet sein,
dachte ich als Kind.

Wenn ich einst ein Dichter könnte sein,
begann es mir zu träumen,
so ungefähr, wie ein Mädchen sinnt:
Wenn dieser Bursche mich einst führte heim,
wenn wir einst dürften beisammen sein,
das müsste wohl schön sein,
wir müssten wohl selig sein.
Doch nein,
so zu denken ist ungereimt,
ich Närrin,
nein.

Ein Dichter zu sein, ein Dichter zu sein;
nein, nein.
Bilde dir keine Torheit ein.
Und so ging ich vorbei
und arbeitete in die Tage hinein, die Jahre hinein.

Da kam es über mich
in einer schauervollen Stunde,
was man nicht sagen kann,
ein seliger Rausch und eine Not zugleich:
Ich schrieb und schrieb,
gedrängt vom Trieb;
dann lag vor mir mein erstes Lied.
Es lag vor mir;
ich war ausser mir.
Ich las es mit Andacht, las es, las es.

Es kann wohl nicht mehr sein,
ich sollte gesegnet sein
mit dem grossen Segen?
Es kann wohl nicht mehr sein,
sagte ich mir.
Wie die junge Frau,
die zum ersten Mal den empfangenen Segen
in ihrem Schosse zu spüren glaubt,
und es doch nicht glaubt;
und deutlich spürt, wie sich's leise regt,
und mit freudig pochendem Herzen
durch alle Kammern des Hauses geht,
und es keinem Menschen sagt
als dem jungen Gatten, der ihr den Segen gegeben.

Ich habe es niemand gesagt.
Wie mein eigenes Herz
habe ich es sorgsam bewahrt.
Nur meinem Freund
habe ich das Geheimnis jener seligen Stunde vertraut
und mich nicht getraut,
ihm dabei in die Augen zu seh'n.

Ich glaubte an meine Lieder

Ehemals
habe ich meine Lieder gesungen nach dem Tagewerk
und meine müde Seele daran gestärkt;
und meine Lieder waren mir lieb,
wie meine Seele.
Ich sang sie für mich allein;
keine fremde Stimme mischte sich darein.
Ich stellte mir die Frage, ob sie echt sei'n
und ob sie schön sei'n.
Sie kamen aus meinem Herzen ungetrübt und rein.
Ich habe an mein Herz geglaubt
und meine Lieder.
Jetzt
habe ich meine Lieder den Kritikern übergeben;
und von ihnen muss ich sie empfangen wieder
und muss sie fragen, ob sie echt sei'n,
und gut sei'n.
und ob andere sich daran freu'n;
muss alle fragen
und auf die Antwort aller horchen mit Zagen;
und darf nicht mehr an meine Lieder glauben,
muss den Fremden glauben.

Meine Lieder wollt ihr haben

Kann eine Mutter ihr neugeborenes Kind
vom Herzen weggeben?
Sie gab ihm ja Leben von ihrem Leben.
Mit dem Blut ihres Herzens hat sie es genährt;
und noch ist es ein eigenes Teil von ihr,
noch das süsse Geheimnis ihres Schosses.
Wird es nicht versehrt,
wenn der fremde, neugierige Blick es zu sehen begehrt?
Nein, nein.
es muss an der Brust der Mutter sein
und ihre Liebe saugen
und der Mutter Lust sein,
ganz allein,
nach der überstandenen Bedrängnis und Hoffnung und Pein.

Meine Lieder sollen immer
bei meinem Herzen sein;
sie sollen die Freude meiner mühsamen Tage sein;
sie sollen nicht in die Welt hinein,
wo die Menschen im Widerstreit durcheinander schrei'n.
Wie müsste ich um sie in Sorge sein;
sie sollen immer bei mir sein.

Ich meinte wohl,
es müsse so sein.
Ist es denn wahr,
dass die Kinder nicht allein für die Mutter sei'n,
dass sie das Teuerste von ihrem Herzen muss geben
in den Streit des Lebens?
Es ist bitter
Mutter zu sein.

Meine Lieder wollt ihr haben?
Ihr wollt sie hegen und in Ehren haben,
sagt ihr mir.
Vielleicht,
vielleicht sie schmäh'n
und nach den Kindern meines Herzens schlagen?
Nie dachte ich, nein,
dass es so bitter sei,
Dichter zu sein.

Priester und Künstler

Ich möchte einst Priester am Opferaltar sein,
möchte mit den weissen und roten und goldenen Gewändern
bekleidet sein.
Noch wagte ich es nicht laut zu sagen.
Tut Gott wohl an mir so grosse Gnade?
Es kann ja nicht sein;
weh dem, der sich drängt ins Heiligtum hinein.

Ich möchte einst Künstler sein,
mir die Geheimnisse göttlicher Schönheit eignen
und sie den Menschen zeigen.
Doch ist's eitle Torheit, so etwas zu denken;
beschämt müsste ich die Augen zur Erde senken.

Du sollst Priester sein.
Du sollst mit reinen Händen
alltäglich mir mein Opfer spenden,
sprach Gott.

Du sollst Künstler sein.
Du sollst in die Sphären der Himmel aufsteigen
und den Menschen meine süssen und schaurig grossen
Geheimnisse zeigen,
sprach Gott.

O Gott,
wie kann ich dein Priester sein?
Meine Hände sind nicht rein.
Ich bin sündhaft und arm und schwach und klein.

O Gott,
wie kann ich dein Künstler sein?
Mein Sinn ist umnebelt vom erdhaften Dämmerschein,
und meine Zunge ist ungelenk und schwer
und ungelehrt.

Zuneigung

Ein Jugendtraum

In der Jugend wonnigen Tagen
ein froher Bub ich zur Schule ging.
Da irrte mein Auge oft zagend
zu einem minnigen Kinde hin.

Wie lichter Blust ihre Wangen,
wie blauer Himmel ihr Kleid,
in ihren Augen gefangen
des Frühlings lachende Freud‘.

Von ferne blickte ich heimlich nur
und scheu nach dem lieblichen Kind,
damit nicht gar meiner Liebe Spur
verrate der plaudernde Wind.

Kühn schritten die Jahre dann drüber hin;
mein Lieb‘ sah ich nimmer mehr.
Nur wenn im Lenz blaue Sternblumen blühn,
rauscht’s im Wind mir ein heimlich Grüssen daher.

Das Geheimnis der Rose

Um die Rose wusstetst du vielleicht,
die so lang nur ganz schön ist,
als sie nicht hemmungslos in Hingebung sich auftat;
so lang nur, als sie zögerte,
die zarten Hüllen um ihr geheimes
Innensein schon ganz zu lösen;
als sie noch nicht ganz Blüte
war, einen Rest vom Knospensein bewahrte.
Vielleicht dass du es wusstest;
dass darum du
mir hingegeben meinem Sehnen dich immer noch
mit einer ängstlich kargen Hand
zurückhieltst;
dass darum heute
unversehens du dich von mir wandtest,
als meiner Augen Durst so brennend dich verlangte,
wissend
um die Entbehrung, die ich litt.

Herbstgold

Das Herbstgold bist du,
das alles Land erfüllt
und sich in unansehnliche Schleier hüllt,
weil es nicht gesehen sein will,
nur sein;
das erst, wenn ich nähertrete mit weit geöffneter Seele
sich enthüllt,
mir in keuschem Frohlocken entgegenstrahlt
und mich eingehen lässt in seinen Glorienschein.
O, wonneseliges Geborgensein
in dir.

Zwei Bilder

In jenem ersten Bilde klang
dein Lachen wie das laute Singen einer Geige
über Frühlingsgärten hin;
denn du warst noch Mädchen, das sich freute
am wilden Springen über Zaun und Gräben.
In diesem andern Bilde singt's wie
feiner, voller Harfenton aus der innern Kammer;
denn du wurdest eingefangen
von meinen Armen, die dich bindend bargen.
Und in meinem Innern
ist nicht mehr verklungen dein beglücktes Lachen
gleich feinem, tiefem Harfensingen.

Tiefsinniges Danken

Du danktest mir,
dass alles du empfingst von mir:
Dein Offensein;
und dass du froh sein kannst ob deiner selber
und wohltun kannst so vielen andern;
dass du unermesslich reich bist
und frei von Banden.
Und ich danke dir,
weil ich nicht minder alles empfing von dir.
Wir danken uns,
indem wir voll Verwunderung sind,
wie wir mit Gaben uns beschenken konnten,
die keines besass zuvor.
Indem wir eins dem andern danken, wissen wir,
dass Er alles gab,
der ungeseh'n zu geben froh ist,
der Mutter gleich,
die dem Dürftigen seinen Pfennig reicht
durch des Kindes Hand.

Den Wassern gleich

Den Wassern gleich bist du
und blau wie sie,
die den Himmel spiegeln.
Und unergründlich tief,
immerfort ohne Ruhe bist du.
Wie die ewigen Wasser in ewig neuen Gestalten
sehe ich dich;
und deine Sehnsucht nach mir
kennt kein Ende.
Ich aber bin jenes Ufer,
das dich zu fassen versucht mit weit ausgebreiteten Händen,
das glücklich immerfort sein Gestein
von den weichen Wassern küssen lässt.

Das erfüllende, sich selber gebende Wesen

Wie lange sehnte
meine Seele sich nach einem Wesen,
das gütig sich herniederneigte, um sie emporzuheben;
das sich vor ihr breitete,
in seiner weichen Wärme ihr eine Ruhestatt zu geben;
in das sie eingeh'n konnte,
wie man des Abends müd in seine Kammer eingeht,
von dem Tag genesend.
Wie lange sehnte sie sich …
und du kamst
und gabst mir
nicht Hand und Ruhestatt und Kammer,
nicht Dinge, die du aus dem fernen Orient erhandelt …
dich selber gabst du,
und mein Sehnen ist unfassbar übermessen
von der Beglückung, die du bist.
Was muss dereinst im Himmel für ein Erfüllen sein,
wenn diese Welt schon unser wünschendes Beginnen
so überwächst!

Das Unfassbare

Dürfen wir uns wundern,
dass die Menschen alle, die um uns sind,
die Köpfe schütteln und uns nicht versteh'n,
da das,
was zwischen dir du mir geschieht,
so gross und unfassbar ist,
dass wir selber
mit Müh nur Kraft genug in uns erfanden,
um es zu glauben.

Dein Brief

O, dein Brief,
Geliebte,
wie Frühling ging er auf um mich;
wie neues Licht und warme Luft und Blüten;
wie eine Welt voll freudiger Gesichter
und Gesänge
und blühender Bäume volle Hänge;
wie jauchzende Kinderstimmen
und Farben, die sich der Sonne freuen,
und leuchtende Leiber junger Menschen.
O,
namenlos ging er auf über mich,
mich erfüllend mit drängender Erregung
zu neuem Schaffen.

Magdalena

Sie sah nur ihn,
zu dem ihr dürstend Herz sie trieb.
Sie sah die fetten Heuchler nicht,
die mit scheelen Blicken ringsum auf sie sahen;
von ihrer Sünde, die bekannt war,
tuschelnd,
als sie den Saal betrat.
Sie sah nur ihn
und scheute nicht, sich hinzuknien
und ihrer Liebe Übermass, für das
ein jegliches Gefäss zu eng war,
als duftend Salböl auszugiessen
um seine Füsse
und sie mit ihrem warmen, goldnen Haar
zu trocknen
im Angesicht der fremden Menschen.
Und ihrer Liebe Übermass verwies er nicht,
verwies nur
den Vielen, die ringsum in falschen Herzen Argwohn hegten,
die Sünde des Ärgernisses, das sie nahmen.

Scherz und Spass

Eifersucht

„Malen willst, malen?
Es wundert mich, dir zuzuseh’n;
bin auch gerne bereit, dir Modell zu steh’n“,
sagt die Ulme.
„Gut gemeint, ich danke schön!
Ich will nur in deinem Schatten sitzen,
um mit Musse zu seh’n, wie bei der Birke drüben
die gelben Lichter in grünen Schatten blitzen.“

Die Ulme ward kläglich:
„Die Birke drüben malt man ja täglich;
auf mich nur haben die Maler nie acht!“
Und grollend wirft sie ein dürres Blatt
mir in die Wassernäpfe und in die Farbentöpfe.
„Ich will dir helfen, dein Bild zu verzieren“,
und sie wirft ihr Laub darauf,
es mir zu verschmieren.

Von Denkern und Medizinern

Sie schneiden mit Herzenslust herum im Menschenfleisch
mit ihren blanken, scharfen Messern.
Wie kommt, was dunkel drinnen, alles so säuberlich schön ans Licht!
Doch nimmt mich schon Wunder,
wie die Menschennatur mag gesunden
und nicht verenden an ihren Wunden.

Messerscharf müsst euren Verstand ihr schärfen,
wenn ihr den tiefen Sinn der Dinge
ganz klar und einfach und fassbar wollt begreifen.
Zieht behend mit der Zange eurer Kritik
nur die geheimen Sehnen,
an denen die Dinge zusammenhängen, ans Licht!
Dann werdet ihr der Weisheit Krone erlangen;
dann wird die Zukunft nicht mehr
unter dunkeln Rätseln und Geheimnissen bangen.

Wer weiss:
Gibt es am Ende gar geistliche Denker und Mediziner,
die sich Messer nehmen,
um den heiligen Glauben in schönen Schnitten herzuschneiden
und die Menschenseelen herzlos auszuweiden,
anstatt sie zu heilen,
und Zangen,
um unsere gesunden Glieder zu zerklauben?

Es sollte eiliger geh'n

Wenn ich als Kind mit der Mutter übers Feld ging,
meinte ich oft, dass sie viel zu langsam ging;
und ich sprang ihr ein gutes Wegstück voraus
und musste dann an der Kreuzung stille steh'n
und warten,
bis sie nachkam.

Mich dünkt,
der Herrgott geht mit langsamem Schritt wie meine Mutter
durch die Weltgeschichte;
und wir Jungen rennen voraus
und müssen dann einhalten und stille steh'n
und auf ihn warten.

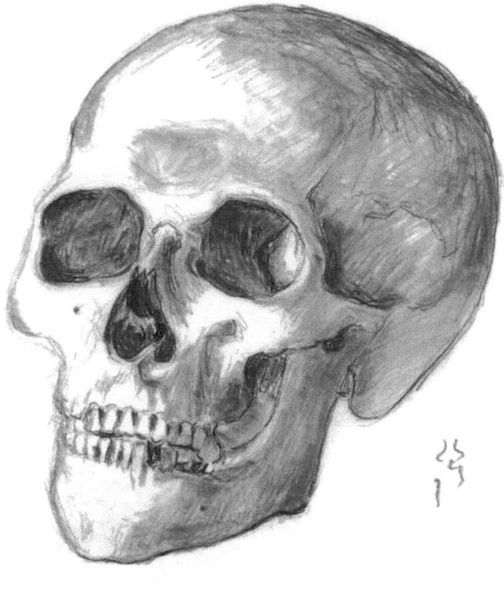

Unter blühenden Linden

Ich sitze im Schatten der Linde
ob wissenschaftlichem Wust,
und träume gleich sorglosem Kinde
hinein in den duftigen Blust.

Flinke Bienlein sammeln recht löblich
den Honig mit Sang und Gesumm;
dicke Käfer auch stürmen recht gröblich
in den zarten Blüten herum.

Der Schmetterling flattert und flimmert
im lichtvollen Laubwerk dahin;
küsst flüchtig die Blüten nur immer
im lustigen Weiterzieh'n.

Mich dünkt, dass von allen dreien
ich wohl ein Stücklein empfing.
Doch am liebsten wollt' flattern durch Maien
ich fort mit dem Schmetterling.

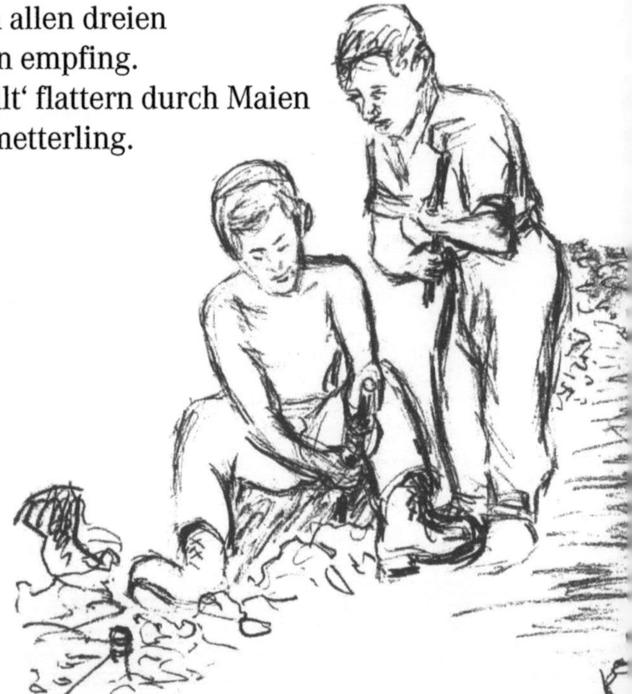

Die Englein

Es ist ganz still geworden
rings auf der Welt umher,
und überm Hügelborde
der Mond wallt still und hehr.

Sieh! Lichte Englein weisen
am Himmel seine Spur.
Wie züchtig geh’n die Weisen
auf einsam weiter Flur.

Doch jetzt und dann wohl eines
sich rasch zur Seite bückt
und schnell ein blitzend feines,
ein Sternenblümlein pflückt.

Das Denkmal der Weltgeschichte

Von den Ruinen eines römischen Kaiserpalastes
habe ich ein Stück trockenen Mörtels mitgebracht
zum Angedenken.
Heute gab mir eine Schwester
ein kleines, holzgeschnittenes Kruzifix zum Geschenke.
Da habe ich in den Stein ein kleines Grüblein gemacht,
um das Kruzifix hinein zu senken,
und habe es so auf mein Pult gestellt …
der Weltgeschichte
zum Angedenken.

Die Amsel

Eine Amsel stand auf des Daches Giebel,
ganz auf des Firstes äusserstem Ziegel.
Den Weinberg mustert‘ sie klug
und was in der Stadt, auf der Strasse sich trug.

Dann hob sie an, wie im Predigerton,
zu bedächtigem Sange …
und gähnte dann lange
und flog davon.

Spatzen

Dort auf dem Gartenhag die Spatzen
in langer Reihe stille kauern.
Ob wohl die lieben Burschen trauern,
die sonst ohn‘ Ende immer schwatzen?

Es will auch gar kein Sonn’strahl bohren
sich durch des Nebels eklen Rauch.
Was Wunder, wenn die Vöglein auch
im dürft‘gen grauen Röcklein froren,

die Köpflein ins Gefieder steckten,
all ihren Jubel jäh vergassen,
still duldend dann zusammensassen
dort auf den öden Gartenhecken.?

Vergess‘ne Vögel auf dem Hage,
wie oftmal glich ich euch!
Getrost! Gar bald die Nebel scheucht
die Sonne aus dem warmen Tage.

Spiel

Ein Vögelchen auf dem Tannenbaum
pickt Samen aus den Zapfen braun.
Ein Sämchen flattert zur Erde hinab;
das Vögelchen flattert und turnt ihm nach.

Mich mahnt des Vögelchens spielende Jagd
an der Menschen Schaffen um Gut und Pracht.
Es ginge noch alles in Frieden und Liebe,
wenn's stets bei dem harmlosen Spiel nur bliebe.

Ich weiss, warum!

Es jauchzen die Vögel ihr lustiges Lied
den langen Frühlingstag.
Willst nennen darob du glücklich sie?
Wissen sie denn warum?

Es hüpft das Zicklein in jungen Tagen
in lauter Frohlocken und Lust.
„`S ist glücklich", möchtest du sagen.
Es weiss ja nichts darum!

Das Kindlein regt lustig die Glieder,
wenn die Lenzessonne scheint.
Du neidest sein Glück, o mein Lieber.
Es weiss ja nichts davon.

Ich höre die Vögel singen
und sehe das Zicklein springen,
betrachte das Kindlein mit Lust,
und Glück füllt die innerste Brust.
Ich weiss, warum!

Liebesstunde

Die Sonne schied.
Vom Traumwind gewiegt
schlummern Garten und Hain,
jeder Baum nickend ein.

Ein Vogel wird laut.
Sucht er wohl nach der Braut?
Wag's geheim, sag'g geheim;
`s möchten Lauscher sein!

„Schönes Liebchen dort drüben über dem Hag,
gelt, das wär' recht zum Lieben ein Frühlingstag
in Sonnenfülle!
Komm herüber in meinen Garten herein,
wir wollen ein Stündchen beisammen sein
in der Abendstille!

Rück' nahe zu mir, lehn' dein Köpfchen hier an;
dann plaudern wir leise und schwatzen selband
von Frühling und Freude.
Lieb' Schätzchen, uns naht schon der Hochzeitstag!
Ob 's Herzchen wohl`s Glück zu fassen vermag,
das blühet uns beiden?"

Vermischtes

Das Klösterlein

Dort liegt's in der Hügelmulde,
der Nonnen freundliches Haus.
Die weissen Mauern blinken
weit übers Land hinaus.

Entfernt vom Stadtgetriebe,
in heiliger Einsamkeit,
umschliesst die Welt der Nonnen
des Gartens Mauer weit.

Des Himmels Friede flutet
so sonnenfroh herab,
wie nur im Paradiese
am letzten Schöpfungstag.

Und wenn's vom Türmlein schallt,
fromm betend über die Hügel,
trägt's über Feld und See und Weiten,
zu segnen alle, der Windesflügel.

Was das Weibtum sei

Ich sah es blüh'n auf jungen Wangen;
ich sah es sprüh'n aus jungen Augen
und sah es hüpfen und springen
und hörte es singen.
Ich sah es
wirken in häuslicher Verborgenheit
und betend ungeseh'n das Glück einer Menschheit bauen,
vergessend, auf sich zu schauen.
Ich sah es in toller Selbstvergessenheit
sich einem Raubtier vor die Füsse werfen,
das ihm den Saft aussog bis auf die leeren Schalen
und dann es wegwarf.
Ich sah es
in verschmähter Liebe rasen und hassen,
unheimliche Fäden drehend
Verderben spinnen.
Ich sah es
in hohlen Augen wild lohend verflackern,
sah es unerkannt und opfernd duldend
vergeh'n.

Was das Weibtum sei,
möchte ich gern erfragen;
eine Jungfrau fragen,
die es noch unberührt und rein
im Herzen trägt.
Darf ich sie fragen,
kann sie's mir sagen?

Madonna im Ährenkleid

Magdliche Maid
im leichtgeschürzten, wallenden Kleid;
wie schön es deinen jungfräulichen Leib bedeckt;
mit goldenen Ähren sah ich es ringsum besteckt.
Du bist das heilige, neugebrochene Feld,
das Gott selber sich bestellt,
und bringst uns das reine Getreid‘
zum neuen Brot,
das heilt uns Krankheit und Leid.

Magdliche Maid,
meiner Seele Ackerfeld
hab‘ ich aufgegraben
und voll Sorge mit Samen bestellt.
Halte darob deine schirmende Hand,
dass der keimenden Saat kein Verderbnis nahen kann.

Magdliche Maid,
gib die Frucht meiner hoffenden Seele.
Lass ihr lautere, edle Gesänge werden;
dann will ich sie als goldene Ähre
ins Kleid dir flechten.

Brachfeld

Ein Brachfeld ist meine Seele,
dessen dunkle Bräune trauert
um das Grün, das sie mangelt,
und hofft auf die Samen,
die keimen und wachsen und blühen werden,
wenn der Regen vom Himmel kommt,
und die Sonne …
Ein Brachfeld trauert und hofft.

Es ist so schwer

Es ist so schwer, wenn man allein seine Wege geht
und es schon früh beginnt zu nachten umher,
und einem der Wind so kalt und feucht
um die Glieder streicht;
wenn man niemand hat,
der sich als warmes Kleid
einem anlegt;
wenn man zögernd schreitet
durch die Türe seines dunklen Gemaches hinein
und niemand entgegenkommt
und einen umfängt
als mütterlicher Lichtschein;
wenn die Seele tastend
mit dünnen, jungen Würzelchen nach einem Herzen sucht
als ein Fleckchen Erdgrund,
in das sie sich versenken und verwachsen kann,
und ertastet um und um
nur Steine und Sand und Sand.

Nach langer Nacht

Ich fühlte es an meiner Seele gescheh'n,
wie wenn in der Maiensonne Knospen brechen;
und ich spürte in meiner Seele
ein Sichweiten,
und ein Blätterausbreiten,
und ein Säftetreiben,
und ein Emporschiessen von jungen, grünenden Zweigen
ins Sonnenlicht.
Und ich fühlte mein Ich
in saftvoller Süsse
und zum Leben erwacht.